FACULTÉ DE DROIT DE PARIS

THÈSE

pour

LE DOCTORAT

PAR

Ernest DRUMEL

PARIS

IMPRIMERIE DE VICTOR GOUPY

Rue Garancière, 5.

1868

FACULTÉ DE DROIT DE PARIS

THÈSE
POUR LE DOCTORAT

DU TERME
EN DROIT ROMAIN ET EN DROIT FRANÇAIS

L'acte public sur les matières ci-après sera présenté et soutenu le mardi 11 août 1868, à   heures.

PAR

Ernest DRUMEL,
né à Faissault (Ardennes),

En présence de M. l'inspecteur-général CH. GIRAUD.

PRÉSIDENT, M. LABBÉ, professeur.

Suffragants : MM. COLMET DAAGE, CHAMBELLAN, BUFNOIR, *Professeurs.* GÉRARDIN, *Agrégé.*

Le candidat répondra en outre aux questions qui lui seront faites sur les autres matières de l'enseignement.

———

PARIS
IMPRIMERIE VICTOR GOUPY, RUE GARANCIERE, 5
Derrière Saint-Sulpice
—
1868

A LA MÉMOIRE

DE MA MÈRE ET DE MA SŒUR

———

A MON PÈRE ET A MON GRAND PÈRE

DROIT ROMAIN

CHAPITRE I

Le terme est une limite certaine apposée à un rapport de droit, soit pour en retarder, soit pour en arrêter les effets. La certitude que l'on rencontre dans cette modalité la distingue d'une autre, appelée condition : celle-ci consiste dans un événement futur et incertain, de l'arrivée duquel dépend l'existence ou l'extinction d'un droit.

Le terme et la condition sont soumis à des règles différentes, et affectent diversement les rapports juridiques, ainsi que nous aurons occasion de le voir. Il n'est donc pas sans intérêt de bien déterminer les caractères distinctifs de ces deux modalités.

Les expressions employées dans les actes ne peuvent servir de critérium dans cette détermination;

car, bien qu'il existe des expressions techniques, elles sont souvent arbitrairement confondues. Ainsi l'on trouve consacrée dans des lois (1) la synonymie des deux mots : *si* et *cum*, qui expriment, le premier, l'idée de *condition*, le second celle de *terme*. D'un autre côté, on voit dans des textes le mot *dies* employé pour désigner une véritable *condition*, et réciproquement le mot *conditio* appliqué à un *terme* (2). Il faut donc s'en tenir à cette idée, que la condition se rattache à un événement incertain, le terme à un événement certain. Toutes les fois que les parties se réfèrent à un jour déterminé, il y a terme, *spondesne kalendis januariis? Spondeo.* Il en est de même lorsque la modalité est un événement qui doit nécessairement arriver, et que l'incertitude porte seulement sur l'époque à laquelle il arrivera : telle est la mort d'un tiers. A cause de cette incertitude, ce terme est appelé terme incertain : *Dies autem incertus est cum ita scribitur : heres meus cum morietur decem dato* (3). Sauf une règle spéciale aux testaments, il produit les mêmes effets que l'autre, appelé terme certain, *dies certus.*

Quand l'incertitude porte sur l'événement lui-même, il y a une condition, quelles que soient les expressions employées par les parties. Ainsi celui qui promet 10 au jour de son mariage, comme celui

(1) Fr. 45, § 3, *de Verb. oblig.*, liv. XLV, 1; 22, princ. *Quando dies legat.*, XXXVI, 11.

(2) 38, § 16, *Verb. oblig.*, 16, 1 et 18, *Condictione indebiti*, XII, VI.

(3) 1, § 2, *Cond. et demonst.*, XXXV, 1.

qui promet 10 s'il se marie, s'oblige sous condition.

De même, l'événement incertain qui, s'il se réalisait, arriverait à une époque fixe, constitue une véritable condition; telle est la modalité : *Cum is quatuordecim annorum factus est;* elle contient une condition et non pas seulement un terme : *Non solum diem sed et conditionem.... si effectus esset annorum quatuordecim* (1).

Cependant, comme en matière de testament on tient surtout compte de la volonté du testateur, on peut d'après son intention probable décider que la modalité précitée ne constitue qu'un terme dans les legs et fidéicommis. On examine si dans sa pensée le bénéficiaire doit survivre à l'événement prévu, ou si l'exécution de la disposition doit être seulement retardée. Nous avons un exemple de cette interprétation dans la loi 16, *ad sectum Trebell.*, XXXVI, 1 : Un testateur instituant héritier un étranger lui impose la charge de restituer l'hérédité à son fils quand il aura l'âge de seize ans. Javolenus, interrogé sur la solution à donner, le fils étant mort avant l'époque fixée, répond qu'il n'y a qu'un terme de restitution, et que, la *dici cessio* ayant eu lieu du vivant du fidéicommissaire, le fidéicommis passe à ses héritiers : *Quoniam dies fideicommissi Oceano vivo cessit; scilicet si, prorogando tempus solutionis, tutelam magis heredi fiduciario permisisse, quam incertum diem* (condition) *fideicommissi constituisse videatur.* Il est probable que cette interprétation favorable a été

<hr>

(1) **22,** pr., *Quando dies leg.*, déjà citée; 36, § 1, *Cond. et demonst.*

admise d'abord pour les fidéicommis, et étendue ensuite aux legs (1).

Quand il s'agit d'affranchissements testamentaires,
la présomption que le testateur a voulu seulement reculer les effets du legs est admise indépendamment
des circonstances. Ainsi, dans une disposition ainsi
conçue : « que mon esclave soit libre lorsque Titius
aura vingt ans, et que mon héritier lui donne 10, »
la modalité, lorsque Titius aura vingt ans, est considérée comme un terme en ce qui touche le légs de liberté, et comme une condition dans le legs de 10. Si
donc Titius meurt avant d'avoir atteint l'âge fixé,
l'esclave peut, à l'époque où il l'aurait eu, réclamer
la liberté, mais non les 10. Cette différence tient à la
faveur accordée à la liberté (2) : *Libertas favore
competet die veniente, legati autem conditio deficit.*

Pour résumer les idées que nous venons de déve-
lopper, nous dirons, avec les interprètes, qu'il y a
terme lorsque le *dies* est *certus* pour la question *an*
(si), *certus* pour la question *quando*, et lorsque le *dies*
est *certus* pour la question *an*, *incertus* pour la question *quando;*

Condition, lorsque le *dies* est *incertus* pour les
deux questions *an* et *quando;* ou même, en général,
lorsque le *dies* est *certus* pour la question *quando*,
incertus pour la question *an*.

Il ressort de la définition précédemment donnée
que le terme peut être considéré sous deux aspects :

(1) Code, 6, *Quando dies leg.*, VI, LIII.
(2) Dig., 16, princ., *de Manu. testam.*, XL, IV; 19, *de Statu
lib.*, lib. XL, VII.

circa diem duplex inspectio est (1); tantôt il retarde les effets du rapport de droit, *vel ex die incipit obligatio,* tantôt il les arrête, *aut confertur in diem.* Dans le premier cas, il est appelé *suspensif* ou primordial (2), dans le second extinctif ou final. Les textes nous offrent des exemples de cette duplicité ; au terme suspensif correspondent généralement les expressions *ex die* ou *in diem,* au terme extinctif les mots *ad diem.*

Le terme est ou exprès ou tacite ; il est exprès lorsqu'il est énoncé dans l'acte, comme quand on stipule *kalendis januariis.* On s'est demandé si l'addition du mot *hodie* transformait une stipulation en une stipulation à terme dont l'effet serait suspendu jusqu'au lendemain. On décide qu'elle reste pure et simple, et que le mot *hodie* a été ajouté, non pas pour différer l'action, mais pour montrer que le créancier pourra agir immédiatement (3).

Le terme tacite est celui qui résulte de la nature de la chose ou du fait promis, comme dans les exemples rapportés dans le § 27 *de Inut. Stipulat.* (lib. III, tit. XIX, *Institut.*). Il en est de même lorsque l'on a promis le part d'une esclave avant sa naissance, le produit d'un champ, la construction d'une maison, la prestation d'une chose dans une ville autre que le lieu du contrat. Dans les deux premières hypothèses, le terme est échu, quand l'enfant est né, les fruits mûrs ; dans les autres, il est laissé à l'appréciation,

(1) Dig., 44, § 4, *de Obligat. et action.,* lib. XLIV, tit. VII.
(2) Savigny, *des System. Rechts,* t. III, § 425.
(3) Dig., 448, § 4, *Verb. oblig.,* XLV, 1.

à la prudence d'un *vir bonus*, qui décide combien il faudrait de temps à un bon ouvrier pour construire la maison, et au promettant pour se rendre au lieu indiqué pour la prestation (1).

Quelquefois le terme est suppléé par la loi. Quand une personne s'engage par un simple pacte à payer une dette préexistante, elle fait ce qu'on appelle un pacte de *constitut*, muni d'une action par le préteur. Si elle ne fixe pas de jour pour le payement, le constitut est valable; mais un délai, qui est au moins de dix jours, lui est accordé (2). Cujas (3) explique cette disposition en disant qu'il est de la nature du constitut d'être fait à terme : *Constituti hæc natura et vis, ut conferatur in diem; hoc verbum constituere significat latine loquentibus.* Cette explication est très-contestée et très-contestable, surtout en présence des différents textes dans lesquels le mot *constituere* ne peut se traduire par prendre jour pour. Quoi qu'il en soit, l'action *pecunia constituta* ne pouvait être intentée immédiatement; il fallait attendre l'expiration d'un certain délai, dont la fixation, rappelée dans la loi 21 précitée, est due probablement à une addition faite au texte de Paul par les commissaires de Justinien; car c'est au législateur, et non à la coutume ni aux jurisconsultes, qu'il appartient de fixer les délais.

(1) 73, pr., Dig., 137, § 2, *Verb. obl.*, XLV, 1, et 17, § 3, *de Usuris*, XXII, 1.

(2) 21, § 1, Dig., *de Pec. const.*, XIII, 5.

(3) Com. sur Paul, *ad Edictum*; Cf. Noodt, vol. II, p. 215; et Doneau, *Com. ad leg.* 41, § 1, *Verb. oblig.*, n° 33.

Un autre exemple d'un terme accordé par la loi à un débiteur se trouve dans la restitution de dot. Quand la femme n'avait rien stipulé au moment de la constitution, elle avait pour recouvrer sa dot l'action *rei uxoriæ*. Le mari débiteur était dans le droit classique tenu de restituer immédiatement les corps certains, qui avaient dû être conservés en nature, et dans un délai de trois ans les quantités. Quelquefois ce terme était conventionnel et fixé par les époux. Toutefois, cette fixation était limitée en ce sens que l'on ne pouvait convenir d'un délai plus long que le délai légal, mais d'un plus court (1).

Sous Justinien, le terme légal fut changé et réduit à un an pour les choses mobilières, que l'on assimila aux quantités. Quant aux immeubles, ils durent être restitués immédiatement, comme autrefois les choses que l'on conservait en nature (2).

Nous trouvons aussi dans le droit romain ce qu'on a appelé plus tard le terme de grâce, délai accordé au débiteur condamné pour l'exécution du jugement. Ce délai, d'un mois à l'origine, fut étendu à deux, puis à quatre mois (3).

(1) Dig., 14 à 17, *de Pact. nupt.*, XXIII, IV.
(2) Code, 1, § 6, *Rei uxoriæ*, V, XIII.
(3) Dig., 16, *de Compensat.*, XVI, II, et Code, 3, *de Usuris rei judicatæ*, XII, LVI, qui étend aux fidéjusseurs le bénéfice de ce délai, § 1.

CHAPITRE II

ACTES QUI N'ADMETTENT PAS LE TERME. — DES
actus legitimi.

Les parties peuvent en principe ajouter à leurs
actes telle modalité qu'elles jugent convenable.
Cependant, il y a quant au terme des restrictions
apportées à cette faculté. Elles tiennent soit à la nature de l'acte, soit à la nature du droit. Nous allons,
dans ce chapitre, examiner les premières et celles des
secondes sur lesquelles nous n'aurons pas occasion de
revenir en parlant des effets du terme.

Est-il possible de déterminer d'une manière précise
les actes qui, à cause de leur nature, sont viciés par
l'addition d'un terme? Nous trouvons sur ce point une
règle sans doute très-claire pour les Romains, mais
très-obscure pour nous. Elle est écrite dans la loi 77,
Dig., *de Regul. juris* (L, XVII) : *Actus legitimi, qui
recipiunt diem... veluti mancipitatio* (d'autres lisent
emancipatio), *acceptilatio... in totum vitiantur per
temporis adjectionem.* Une première question s'é-

lève sur l'interprétation de cette loi, c'est celle de savoir si l'énumération qu'elle contient est limitative. Les interprètes (1) sont d'accord pour admettre que la loi renferme seulement des exemples, et ils étendent à d'autres actes l'application de la règle qui y est énoncée.

D'ailleurs, les jurisconsultes romains avaient fait cette extension, puisqu'ils prohibaient l'addition d'une condition à la *datio cognitoris* ou à un contrat *litteris* (2), prohibition que les mêmes raisons devaient eur faire appliquer au terme.

La seconde question à laquelle donne lieu la loi 77 porte sur la détermination des caractères des *actus legitimi*. Les interprètes ne sont pas d'accord sur ce point, et, tandis que Cujas (3) voit dans les *actus legitimi* des actes *qui in jure peraguntur solemni ritu et ordine juris*, MM. Pellat et Vernet (4) disent, l'un que ce sont des actes solennels, l'autre des actes qui viennent de l'ancien droit. Nous pensons qu'il vaut mieux s'en tenir à l'explication que M. Bufnoir (5) donne de l'impossibilité d'ajouter une condition, et dire que l'impossibilité d'ajouter un terme à certains actes tient à leur forme, à l'incompatibilité entre la nature des fictions ou déclarations dont ils se composent et l'idée d'un terme.

Sans vouloir expliquer la règle pour tous les *actus*

(1) *Voy.* cependant Doneau, *de Jure civili*, lib. VI, cap. XII, n° 11.
(2) § 329, *Frag. Vatt.*
(3) Ad lib. XXVIII, quest. Papinias.
(4) Textes sur la dot, p. 184; *Obligations*, 119.
(5) *De la Condition*, p. 105.

legitimi, nous croyons devoir le faire pour certains actes, afin de montrer que l'explication empruntée au savant professeur est vraie pour le terme comme pour la condition. Ainsi, dans la mancipation, qui, d'après certains manuscrits, n'est plus comprise dans la loi 77, cette incompatibilité entre la nature de la fiction et l'idée d'un terme est très-manifeste. Car la fiction porte sur un fait accompli, et ne se comprend que pure et simple : *Hunc ego hominem ex jure Quiritium meum esse aio, isque mihi emptus hoc ære æneaque libra.* De même dans la cession *in jure,* procès fictif en présence du magistrat, dans lequel une partie demande que l'on reconnaisse son droit. On ne comprendrait pas qu'elle voulût reculer les effets de cette reconnaissance jusqu'à une certaine époque. Le magistrat lui dirait de se présenter seulement à cette époque.

La *datio tutoris,* dont parle la loi *actus,* doit s'entendre de la tutelle déférée par le magistrat. Car la tutelle testamentaire est permise *ex die* ou *ad diem* (1). Cette possibilité d'instituer un tuteur *ex die* ou *ad diem* s'explique par cette idée que la tutelle, loin d'être un droit qui une fois acquis à une personne ne peut lui être enlevé que par son fait est temporaire de sa nature comme l'usufruit. Si l'on n'a pas tenu compte de la nature de la tutelle dans la *datio tutoris,* et si l'on a prohibé le terme, c'est parce qu'on n'a pas les mêmes garanties pour le choix du tuteur. Celui qui désigne un tuteur par testament étant le père de l'en-

____

(1) Dig., 8, § 2, *Testament. tut.,* XXVI, 11; et *Inst.,* § 3, lib. I, XIV.

fant, on présume que dans le choix de ce tuteur il a
été guidé par son affection ; et s'il l'a institué *ex die*
ou *ad diem*, c'est qu'il a cru que dans l'intérêt de
l'impubère le tuteur ne devait entrer ou rester en
fonction qu'à telle époque ou jusqu'au jour fixé. Quand
au contraire le tuteur est nommé par le magistrat,
qu'aucun lien de famille ne rattache à l'impubère, il
n'y a pas la même raison pour tenir compte du terme.
D'ailleurs l'intervention du magistrat a pour but de
combler une lacune résultant de l'absence du tuteur
soit testamentaire, soit légitime, ou du retard apporté
dans l'ouverture de la tutelle testamentaire (1). Lui
permettre d'apposer un terme à la tutelle qu'il con-
férait c'eût été lui donner les moyens de ne pas atteindre ce but. Car avant l'échéance du terme l'impubère
eût été privé de tuteur, et l'on aurait dû avoir recours
à un autre magistrat, qui sans la prohibition de la
loi 77 aurait pu nommer un tuteur *ex die*. On aurait
eu alors plusieurs tutelles successives, ce qui eût été
très-nuisible aux intérêts de l'impubère.

L'addition d'un terme à un *actus legitimus* en entraîne la nullité, *in totum vitiatur*, pourvu que la
modalité porte sur l'acte lui-même et non sur le rapport juridique qu'il est destiné à créer. Car l'acte serait
maintenu si le droit seul était affecté du terme. Aussi
bien que l'usufruit ne puisse être constitué par une
cessio in jure ex die, il peut l'être *ad diem* par le
même mode (2).

La modalité qui, lorsqu'elle est exprimée, entraîne

(1) Dig., 11, *Testam. tutela*, cod. tit.
(2) § 18, *Frag. Vati.*

la nullité d'un *actus legitimus*, ne produit pas le même effet quand elle est tacite. Ce principe, consacré dans la loi 77, recevait de fréquentes applications : nous rappellerons seulement à titre d'exemple que l'*acceptilatio* qui ne peut être faite *ex die* (à terme) est possible pour une dette à terme (1).

Dans d'autres hypothèses, le terme entraîne la nullité du rapport juridique, ou ne produit pas son effet *ipso jure;* ces décisions tiennent non plus à la .a nature de l'acte, comme dans les cas prévus par la loi 77, mais à la nature du droit. La nullité de la translation de propriété *ad diem*, la continuation, malgré l'échéance du terme, de la servitude prédiale et de l'obligation sont des conséquences de l'idée que les Romains s'étaient faite de ces différents droits. Mais, comme nous reviendrons sur ce point en parlant des effets du terme extinctif, nous croyons inutile de nous y arrêter et nous passons à d'autres hypothèses où la modalité ne peut être ajoutée à un acte.

Dans le droit classique, on ne peut valablement stipuler pour un terme postérieur à la mort de l'un des contractants, *post mortem stipulatoris, vel rei promittendi.* Cette décision se rattache à la règle qu'on ne peut stipuler ni promettre pour autrui. Sans doute, l'héritier n'est pas un tiers par rapport à son auteur; il continue sa personnalité, hérite de ses droits et actions. Mais aucune action ne doit naître du chef de son auteur à son profit ou à son détriment; telle est au moins l'idée ancienne : *Inelegans visum est*

(1) Dig., 5 et 12, *de Acceptil.*, XLVI, IV.

ex heredis persona incipere obligationem (1); *ab heredibus enim incipere actiones, vel contra heredes, veteres non concedebant* (2). Il faut, il suffit que l'action soit née ou ait pu naître pour ou contre l'auteur, pour qu'elle passe à l'héritier. Ainsi s'expliquent la nullité de la stipulation *post mortem* et la validité de la stipulation conditionnelle; car s'il est certain que dans la première l'avantage résultant de la stipulation naîtra pour l'héritier, il n'en est pas de même dans la seconde, la condition pouvant s'accomplir du vivant des contractants.

On annule aussi la stipulation : *pridie quam moriar* ou *quam morieris dari spondes*, parce que l'on ne connaîtra le terme qu'au moment de la mort, comme dans la stipulation *post mortem*. Si la stipulation *cum moriar* ou *cum morieris* est valable, c'est parce qu'elle se réfère aux derniers moments du stipulant ou du promettant, et que l'action prendra naissance de leur vivant. On aurait pu pour la même raison valider la stipulation *pridie quam moriar;* car la veille de la mort sera fixée quand le stipulant sera mourant, et à ce moment l'action pourra naître en sa faveur. Mais telle n'est pas la décision de l'ancien droit, qui déclare inutile cette stipulation. On peut justifier cette nullité, en disant qu'il y a dans la modalité *pridie quam moriar* une sorte de condition prépostère, puisque l'on stipule pour une époque qui ne sera déterminée que par l'arrivée d'un événement postérieur. Pour remédier aux inconvénients qui ré-

(1) Gaius, IIIe Com., § 100.
(2) Code, loi unique, *ut Actiones et....* IV, XI.

sultent de ces règles prohibitives, on avait recours à l'*adstipulatio* sur laquelle Gaius nous donne quelques renseignements (1).

Nous trouvons en matière de legs des décisions à peu près analogues : ainsi le legs *post mortem heredis* est nul, parce que c'est une charge imposée à l'héritier de l'héritier ; il en est de même du legs *pridie quam morietur heres* ou *post mortem legatarii*. Ces nullités diminuèrent par suite de l'introduction et du développement des fidéicommis (2). Elles disparurent complétement, lorsque Justinien, par une constitution de 528, eut modifié l'ancien droit, et déclaré valables les legs *post mortem heredis*, etc....., comme les stipulations *pridie quam moriar, quam morieris*, etc.... : *Omnia quæ vel quocumque contractu stipulati sunt.... vel testator in suo testamento disposuerit....; nihilominus pro tenore contractus vel testamenti valere præcipimus* (3).

Le legs *cum moriar*, destiné à produire son effet à une époque qui arrivera nécessairement du vivant du testateur, est déclaré nul dans l'ancien droit, parce qu'on ne peut disposer que pour après sa mort. Seul le legs de liberté est maintenu par une faveur exceptionnelle. Il est probable que sous Justinien cette exception devint la règle, et que, comme dans beaucoup d'autres hypothèses, on n'appliqua plus la règle rigoureuse de la jurisprudence classique.

(1) III° com., § 110 et seq.
(2) Gaius, II° com., § 277.
(3) Code, 11, *Contr. et commit. stipul.*, VIII, XXXVIII ; et *Inst.*, § 35, *de leg.*, II, xx, et 13, *Inut. stipul.*, III, XIX. Cf. loi unique déjà citée, *ut Actiones*, Code.

Le terme peut être ajouté à une condition afin de retarder l'exercice du droit; mais il n'est pas permis de fixer l'exigibilité à une époque antérieure à la réalisation de la condition : c'est là ce qu'on appelle la condition prépostère, qui entraîne la nullité de la stipulation. L'empereur Léon modifia cette solution pour la constitution de dot, et décida que l'on devait supprimer le *dies* pour ne laisser que la condition. Justinien généralisa cette décision (1).

Lorsqu'on stipule un fait sous cette modalité *cum reus promittendi morietur*, la stipulation est dans le droit classique considérée comme non avenue. S'attachant à la lettre de la convention, les anciens jurisconsultes l'interprètent comme si les parties avaient voulu que l'obligation fût exécutée par le promettant lui-même; et comme cette exécution est impossible, ils déclarent tout nul. Il en est de même quand l'acte promis pour le moment de la mort, tel qu'un voyage à Alexandrie (2), ne peut être accompli que par le promettant. Justinien, plus facile dans l'interprétation des conventions, déclare valables ces stipulations, et accorde au stipulant une action contre les héritiers du débiteur (3). Cette modification consacre un retour aux vrais principes; car la modalité *cum moriar* n'est qu'un terme incertain, qui ne doit pas suspendre l'existence de l'obligation, mais seulement en retarder l'exécution jusqu'à la mort du promettant.

On s'explique mieux l'inutilité d'une constitution

(1) *Inst.*, 14, *de Inut. stipul.*
(2, *Dig.*, 46, 1, *Verb. oblig.*
(3) *Code*, 13 et 15, *Contra et com.*, *loc. cit.*

d'usufruit *ex die* lorsque ce terme se trouve être le moment qui précède la mort du bénéficiaire ; car l'usufruit, en tant que droit réel, ne peut exister qu'après l'échéance du terme, et comme il cesse le moment suivant par la mort de l'usufruitier, il n'aura jamais existé (1).

Il en est de même de la promesse de dot faite par une femme *cum morietur ;* car la dot devant subvenir aux charges du mariage, son but disparaît par la mort de la femme, aussitôt qu'elle peut être exigée (2).

Quant à la nullité d'un affranchissement affecté d'un terme tellement éloigné que l'esclave ne vivra plus, ou reculé jusqu'à sa mort, elle s'explique par cette idée que le testateur n'avait pas l'intention sérieuse de lui léguer la liberté. Car elle n'a de valeur que s'il en jouit personnellement, tandis que l'argent peut se transmettre aux héritiers et admettre pareille fixation de terme (3).

Nous avons dit plus haut que le mot *hodie* ne transformait pas la stipulation en une stipulation à terme ; mais il en entraînait quelquefois la nullité : c'était quand elle comprenait en même temps un terme tacite, résultant de ce que la prestation, qui faisait l'objet de l'obligation, devait être fournie ailleurs. Toutefois cette nullité n'était pas toujours prononcée ; elle dépendait des circonstances, ainsi que l'atteste

(1) L. 51, Dig., *Usuf.*, VII, 1 ; et 5, *Usuf. leg.*, XXXIII, 2.
(2) 76 *in fine*, et 20, Dig., *Jure dot.*, XXIII, 3.
(3) 4, § 1, *Statu lib.*, XL, 7, et 61, pr. *Manu. test.*, XL, 4 ; Savigny, *Systemat.*, § 124, t. III, p. 124, n° 3.

Gaius : .... *Hodie Carthagine dare spondes? Quidam putant non semper videri impossibilem causam stipulationi contineri* (1).

(1) § 5, *Inst.*, *Verb. obl.*, III, 15, et 144, § 4, *Dig.*, *de Verbo oblig.*

———•K•———

CHAPITRE III

SECTION I.

Du terme dans l'institution d'héritier.

L'institution d'héritier n'est pas possible *ex die
certo* ou *ad diem certum* (1). Cette exception au principe posé par la loi des Douze Tables : *Uti quisque
legassit super pecunia suæ rei, ita jus esto,* tient à ce
que, dans la législation romaine, on ne passe jamais de
la succession testamentaire à la succession ab intestat,
ou réciproquement. Si l'on avait tenu compte du terme
suspensif jusqu'à l'échéance, la personne du *de cujus*
n'aurait pas été continuée, à moins qu'on n'eût laissé
le successeur ab intestat recueillir l'hérédité. Mais
alors on eût violé la règle qu'un citoyen non militaire
ne peut mourir partie testat, partie ab intestat.
A l'appui de cette explication, on peut dire que le militaire qui, par une faveur spéciale, n'est pas tenu

(1) Inst., 9, *Hered. inst.,* lib. II, XIV, et Dig., 34, *Hered. inst.,*
XXVIII, V.

d'observer cette règle, institue valablement un héritier *ex die certo* (1). Si, contrairement à ce qui arrive pour le terme, la condition est maintenue dans l'institution d'héritier, c'est parce que le *de cujus* mourra testat si elle se réalise, intestat si elle ne se réalise pas.

Quand l'héritier est institué *ad tempus*, il reste toujours héritier, même après l'échéance du terme. Autrement les biens héréditaires, après avoir appartenu aux héritiers institués, feraient retour aux successeurs légitimes, ce que ne veut pas la loi romaine. On exprime quelquefois cette idée en disant que le titre d'héritier n'est pas résolu : *Semel heres, semper heres.* Par exception, les militaires peuvent instituer un héritier *ad diem certum* (2), et le mineur est reçu dans certains cas à demander la résolution de son titre d'héritier (3).

Le *dies* seul est effacé, et l'institution considérée comme pure et simple. Peut-être sa nullité eût-elle été plus conforme à l'intention du testateur. Nous disons peut-être; car, par l'addition du terme, manifeste-t-il l'intention que l'héritier n'ait la succession que *ex die* ou *ad diem?* il veut avant tout que l'institué soit héritier, puisqu'il reporte les effets de son institution à une époque qui doit nécessairement arriver. Son intention est donc plutôt que l'institué soit héritier pur et simple, si l'on ne peut tenir compte du terme.

(1) Dig., 44, pr. *Testam. nul.*, XXIX, 1.
(2) Dig., 45, § 4, *Testam. milit.*
(3) 7, § 5, *de Minor.*, IV, IV.

La règle qui défend de soumettre l'institution d'héritier à un terme final ou extinctif a été restreinte dans son application par l'introduction des fidéicommis. Car le testateur pouvait, par ce moyen, charger l'héritier de restituer l'hérédité au bout d'un certain temps. Toutefois, les résultats n'étaient pas les mêmes; il y avait entre ces deux actes de nombreuses différences; et, pour n'en citer qu'une, nous dirons que l'institution d'héritier écarte complétement ceux à qui elle enlève l'hérédité, à moins qu'ils ne soient légitimaires, tandis que le fidéicommis laisse à ceux qui en sont grevés la quarte pégasienne.

Le terme véritablement incertain comprend un événement qui doit nécessairement arriver, mais à une époque que l'on ne peut déterminer. Il produit dans l'institution d'héritier le même effet que la condition, *dies incertus conditionem in testamento facit* (1). Pour justifier cette solution, on a donné plusieurs explications : l'on a dit que le caractère essentiellement personnel des successions devait faire regarder comme prédominant dans le *dies incertus* l'élément d'incertitude et le transformer en la condition de survie de l'héritier à une époque déterminée. Mais ce motif ne nous paraît pas suffisant, parce qu'il aurait pu être invoqué pour le terme certain; car alors la condition de survie de la part de l'institué étant aussi indispensable, on aurait pu dire, pour maintenir le terme certain, que le testateur avait entendu subordonner l'efficacité de l'institution *ex die certo* à la survie de l'hé-

(1) Dig., 75, *de Cond. et demonst.*, XXXV, 1.

ritier à cette époque, et on en aurait conclu qu'à cause de cette incertitude le terme certain devait contenir une condition.

On a donné une autre explication fondée sur la règle : *Nemo paganus partim testatus, partim intestatus...,* ; maintenir le terme certain dans une institution d'héritier, c'eût été violer ouvertement cette maxime, car il eût toujours fallu déférer l'hérédité aux héritiers ab intestat, puis aux institués. Mais il n'en est pas de même du terme incertain ; comme l'événement qui est prévu peut arriver à chaque instant, et même du vivant du testateur, il n'implique pas chez celui-ci l'intention de transmettre successivement ses biens aux héritiers des deux ordres, et de violer ainsi la règle *nemo paganus.* On comprend alors qu'on maintiennne le terme et qu'on interprète l'institution, comme si le testateur avait voulu suspendre la délation de sa succession jusqu'à l'échéance (1).

En était-il de même quand le terme devait nécessairement échoir du vivant de l'institué, comme dans l'institution *cum morietur heres ?* Si l'on s'en tient au premier motif donné pour justifier la règle *dies incertus,* il faut voir dans cette modalité un terme certain, et déclarer l'institution pure et simple. Car l'institué vivra nécessairement lorsque arrivera l'événement prévu, puisque mourir est un acte dont un vivant est seul capable. Ce qu'il y a de conditionnel dans une pareille modalité, la survie de l'institué à l'événement

______

(1) En ce sens, MM. Demangeat, *Cours de droit romain*, I, p. 656 et 657 ; Labbé, à son Cours ; Bufnoir, *Condition*, p. 12.

disparaît; il ne reste plus que le terme qui, d'après une loi déjà citée (34, *de Hered. instit.*), doit être supprimé : tel était le raisonnement de Doneau (1); tel eût été probablement celui de M. de Savigny, s'il avait prévu la question (2). Mais si l'on admet la seconde des explications qui précèdent, il nous paraît difficile d'assimiler à l'institution pure et simple l'institution *cum heres morietur.* Car la possibilité de l'arrivée de l'événement à chaque instant suffit pour qu'on ne trouve pas chez le testateur l'intention de violer la règle *nemo paganus...* et pour qu'on suspende l'ouverture de la succession ab intestat. Telle est l'opinion enseignée par M. Bufnoir (3), et à l'appui de laquelle il invoque la loi 9, Code, *Hered. instit.* Mais cet argument nous paraît peu probant à cause des difficultés qui s'élèvent sur l'interprétation de ce texte.

SECTION II.

Terme des legs.

Dans les legs le terme certain est maintenu et produit son effet en ce sens qu'il recule l'exigibilité du legs. Le droit du légataire est né (4) et transmissible à ses héritiers ; l'exercice seul en est retardé jusqu'à

(1) Ad leg. 9, *Hered inst.*, Code, VI, xxiv, § III et IV.
(2) *Des System. Rech.*, § 126, n° 2.
(3) *Loc. cit.*, p. 11.
(4) 1, § 1, Dig., *Cond. et demonst.*, XXXV, 1.

l'échéance du terme ; c'est ce que l'on exprime en disant : *Dies legati cessit, sed nondum venit.*

Quant au terme incertain, il produit les mêmes effets que la condition et recule non-seulement le *dies venit*, mais aussi le *dies cedit* (1). L'explication de la règle *dies incertus in testamento conditionem facit* est plus facile pour les legs que pour l'institution d'héritier. On présume que le testateur a entendu subordonner les effets du legs à la condition que le légataire sera encore vivant à l'époque incertaine de l'échéance du terme. On interprète la disposition comme s'il avait ajouté : *si adhuc vivat legatarius.* Si donc il est certain que l'événement prévu arrivera nécessairement du vivant du légataire, le legs n'est plus conditionnel : telle est la disposition *cum morietur Titius,* 100 *ei dato* (2).

L'exécution seule est retardée jusqu'à la mort du légataire, mais le droit acquis par lui passe à ses héritiers.

De cette assimilation du terme incertain à la condition il résulte : 1°.que le legs n'est pas transmissible aux héritiers du légataire s'il succombe avant l'échéance du terme ; 2° qu'il profite à celui sous la puissance duquel il se trouve à cette époque ; 3° que les conditions exigées en vertu de la règle catonienne, lors de la confection du testament dans un legs pur et simple ou à terme certain, le sont seulement lors de l'ouverture du droit dans un legs à terme incertain ; 4° que le légataire n'ayant pas

(1) 1, § 2, cod. tit., et 4, princ., Dig., *Quando dies leg* , XXXVI, II.
(2) 79, princ., *Cond. et demonst.,* XXXVI, I.

d'action *pendente die incerto,* s'il réclame le legs, il ne déduit rien en justice et peut agir *post diem legati cedentem* (1) ; 5° si la chose léguée est un corps certain qui vient à périr avant la *diei cessio,* il ne peut en réclamer les accessoires, parce qu'il n'a jamais eu de droit sur cette chose (2).

(1) 42, Dig., *de Oblig. et act.,* XLIV, 7.
(2) 1, § 2 et 42, Dig., *Pecu. leg.,* XXXIII, 8.

CHAPITRE IV

DU TERME DANS LES OBLIGATIONS.

SECTION I.

Terme suspensif.

Le terme, ainsi que nous l'avons déjà dit, ne suspend pas l'existence du droit, il en retarde seulement l'exigibilité. L'obligation existe du jour du contrat, *dies cessit*, mais l'exécution n'en peut être demandée, *dies non venit* (1). Ces expressions n'ont pas tout à fait le même sens qu'en matière de legs. Ainsi, quand le contrat est conditionnel, l'existence de l'obligation est suspendue jusqu'à l'accomplissement de la condition; l'exécution n'en peut être exigée; il n'y a ni *dies cedit*, ni *dies venit*, et cependant le droit est transmissible aux héritiers, contrairement à ce qui se passe dans un legs conditionnel.

En résumé, ce qui est dû à terme (2), est réelle-

---

(1) 214, Dig., *Verb. signif.*, L, 16.

(2) Dans ce chap. et le suivant, le mot *terme* se réfère aussi au terme incertain, tel que nous l'avons défini.

ment dû, et nous aurons à tirer les conséquences de cette idée. Seulement la créance est dépourvue de sanction, puisquelle n'est pas encore munie d'une action : *præsens obligatio est, in diem autem dilata solutio* (1). L'adage, qui a terme ne doit rien, n'exprime donc pas une idée absolument vraie ; elle est vraie en ce sens que le débiteur ne peut être poursuivi : *debitor intelligatur is a quo invito exigi pecunia potest* (2). Il ne faudrait pas voir dans la loi 46 pr. (Dig., de leg. 2, xxx) une décision opposée ; car, si le legs dont il y est question ne comprend pas la créance à terme, ce n'est pas parce quelle n'existe pas, mais parce que les expressions du legs se réfèrent à toute obligation munie d'une action, *quidquid dare, facere oportet*, et que la créance à terme en est dépourvue.

I. Le créancier ne peut agir avant l'arrivée du terme, soit qu'il résulte de l'acte constitutif du droit, soit qu'il ait été ajouté par un pacte postérieur. Seulement dans ce dernier cas le débiteur pour bénéficier du terme doit avoir recours à l'exception *pacti conventi* ou *doli* (3).

Cependant, si le terme a été stipulé dans l'intérêt exclusif du créancier, il peut agir avant l'échéance : c'est ce qui arrive en matière de dépôt ; le déposant obtient la restitution de la chose avant le terme fixé (4). D'ailleurs on ne comprendrait pas la résistance du

---

(1) 46, pr., Dig., *Verb. oblig.*, xLV, 1.
(2) 108, Dig., *Verb. signif.*, L, 16.
(3) 186, Dig., *Reg. juris*, L, 17, et 3 *in fine, Except.*, xLIV, 1.
(4) 1, § 45 et 46, Dig., *Deposit.*, xVI, 3.

dépositaire, dont les soins deviendraient suspects, s'il ne profitait pas de l'occasion qui lui serait donnée de se décharger de sa responsabilité.

Il en est de même dans le *precarium;* le propriétaire peut réclamer la chose donnée en précaire avant l'epoque fixée pour la restitution. Cela tient à ce que le droit de jouissance du précariste est toujours à la discrétion du concédant (1).

Si en dehors de ces hypothèses particulières le créancier agit avant l'arrivée du terme, il s'expose à encourir la déchéance résultant de la *plus petitio : qui præmature petit, plus petere videtur* (2). Il n'y a pas à distinguer suivant que le terme est stipulé dans le contrat, ou qu'il lui est postérieur : dans ces deux cas le créancier *rem perdit* et ne peut plus agir, pourvu que dans le second le débiteur ait opposé l'exception que le juge n'est pas autorisé à suppléer : *Si intra tempus egerint, objectaque sit exceptio... neque post tempus olim agere poterant cum temere rem in judicium deducebant et consumebant, qua ratione rem amittebant* (3).

Quand l'action a une *intentio certa*, la *plus petitio tempore* a lieu sans difficulté. En est-il de même lorsque l'*intentio* est *incerta?* En l'absence de texte formel, il ne faut pas chercher la solution de cette question dans le § 54, IV com., où Gaius déclare que la *plus petitio* n'est pas possible dans les *incertis formulis.* Cette décision doit être restreinte à la *plus*

<hr>

(1) 12, pr., Dig., *de Precario,* XLIII, 26.
(2) 33, *Inst., de Action.,* IV, 6.
(3) § 10, al. 2, *Instit., de Exception.,* IV, 13.

petitio re pour laquelle elle se comprend facilement ; car, la demande du créancier n'étant pas limitée dans son étendue, il ne réclame pas plus qu'il ne lui est dû. Il faut s'en tenir aux principes dont l'application conduit à faire adopter l'affirmative. En effet, ne peut-on pas dire qu'en agissant avant le terme, le créancier, quelle que soit la rédaction de la formule, *præmature agit?* Le juge doit apprécier l'*oportere ad veritatem* (1), et ne peut condamner qu'à ce qui est actuellement dû ; or, dans une dette à terme, rien n'est dû, en ce sens que *peti non potest, præstatio nulla est*, suivant Gaius lui-même (IVᵉ com., § 131). Aucune condamnation ne peut donc être efficace pour une pareille dette. Comme, d'un autre côté, le droit a été *déduit en justice*, il est épuisé, et une nouvelle action serait sans objet. Peut-être, lorsqu'il s'agit d'une action de bonne foi, le juge est-il autorisé à prononcer une condamnation et à en retarder l'exécution jusqu'au terme ; mais, dans les actions de droit strict, où il doit apprécier rigoureusement si la dette existe ou non au moment où l'action est intentée, on ne voit pas trop comment il pourrait se dispenser d'absoudre le débiteur poursuivi avant l'échéance du terme.

Sous Justinien, la *plus petitio* n'entraîne plus la perte du droit ; cependant, celui qui *plus petit* ne le fait pas impunément. Le créancier qui agit avant l'échéance du terme conserve son action ; mais il ne peut la renouveler qu'après un délai double de celui

(1) L. 37, Dig., *Verb. sign.*, L, XVI.

dont il voulait priver le débiteur, et n'a pas droit à des intérêts pendant ce temps. Telle est la décision consacrée par l'empereur Zénon dans une constitution à laquelle renvoie Justinien (1). Le délai qui est doublé est le temps qui restait à courir entre la demande du créancier et l'échéance; car c'est de ce délai qu'il voulait priver le débiteur : *Tantum aliud expectet tempus... quantum ipse prævenire definitum solutioni diem conatus est.* Cependant, M. Ortolan (2) parle d'un délai double du délai primitif. Outre que cette affirmation nous paraît contraire au texte de la constitution, elle l'est à son esprit : car il y a là une peine et non plus un effet de la division du procès en deux phases, comme dans la procédure formulaire; le créancier qui agit un mois avant l'échéance ne doit pas être traité comme celui qui intenterait son action six mois avant d'en avoir le droit.

Nous avons supposé que le terme n'était pas échu à l'époque où le juge devait prononcer la sentence; en était-il de même lorsque durant l'instance arrivait l'échéance du terme? La *plus petitio tempore* avait-elle encore lieu? Des interprètes, et parmi eux Voet (3), adoptent la négative et invoquent à l'appui de leur opinion la loi 16 (*Petit. hæred.*, Dig., v, 3), qui consacre cette solution pour la *petitio hereditatis.* Mais l'affirmative nous paraît plus conforme aux principes. En effet, le juge doit (au moins dans les actions de droit strict) se reporter à l'époque de la *litis*

---

(1) 1, Cod. *plus Petit,* III, 10, et *Inst., loc cit.*
(2) *Instit. expliquées,* n° 2158.
(3) *Pandectis, de Judiciis,* n° 26.

contestatio pour examiner la prétention du demandeur. A cette époque, son droit n'existe pas, en ce sens du moins qu'il ne peut donner lieu à une action ; celle-ci a donc été mal intentée (*male agit*), et aucun événement postérieur ne peut faire qu'il en ait été autrement. On ne dira pas, comme on le fait pour d'autres circonstances (1), que l'échéance du terme est une condition de la condamnation, et que son arrivée lors du jugement rend celle-ci possible. Car elle est une condition de l'action, dont l'accomplissement est exigé lors de la *litis contestatio*. Quant à la loi 16 déjà citée, elle n'est nullement contraire à cette interprétation ; elle suppose, en effet, qu'une personne agit en pétition d'hérédité contre des *Juris possessores*, des débiteurs héréditaires à terme ou conditionnels qui se prétendent libérés en qualité d'héritiers par confusion ; elle ne leur demande pas le payement, elle veut seulement faire constater qu'ils ne sont pas héritiers ; et, à ce point de vue, *non præmature agit*, elle peut agir sans s'exposer à la *plus petitio*. S'il s'agit d'une action de bonne foi, il n'y aura peut-être pas lieu à *plus petitio tempore* quand l'échéance du terme sera postérieure à la *litis contestatio*, lors même qu'on admettrait que dans les actions de bonne foi la *plus petitio tempore* fût possible.

Le créancier qui ne peut obtenir directement l'exécution de l'obligation à terme, ne doit pas pouvoir l'obtenir d'une façon indirecte. C'est pourquoi, lorsqu'il est devenu débiteur de son débiteur, il ne lui est

(1) 27, Dig., *Rei vind.*, VI, 1 ; 30, *de Peculio*, XV, 1 ; 9, § 5, *de Pign. act.*, XIII, 7.

pas permis, pour repousser l'action de celui-ci, d'invoquer la compensation : *Quod in diem debetur, non compensabitur antequam dies venerit, quamquam dari oporteat* (1). La décision est différente et la compensation est admise, quand il s'agit d'un terme de grâce fondé sur un motif d'humanité. Il est juste que le débiteur n'en puisse bénéficier lorsqu'il a acquis une créance pure et simple contre son créancier (2).

Il peut arriver que l'action soit suspendue seulement à l'égard d'un des débiteurs; cela se présente quand il y a plusieurs débiteurs solidaires dont quelques-uns sont obligés à terme. Cette modalité ne s'oppose pas à ce que le créancier agisse contre celui ou ceux qui se sont engagés purement et simplement (3). Mais s'il poursuit un des débiteurs qui ont stipulé un terme, et s'il encourt la déchéance résultant de la *plus petitio tempore*, les autres peuvent l'invoquer. La corréalité, en effet, donne au créancier un droit d'option entre les codébiteurs, et lui permet d'agir contre celui-ci ou contre celui-là, selon qu'il y trouve son avantage. Mais une fois qu'il a fait son choix, une fois l'action délivrée, c'est tout son droit qu'il a localisé, spécialisé. Dès lors, quand il a ainsi actionné l'un des *correi*, son droit est épuisé; qu'il encoure ou non la *plus petitio*, il ne peut plus recourir contre les autres au moins dans le droit classique; car on finit par se relâcher de ce rigorisme (4), pour décider que l'action

(1) 7, Dig., *de Compens.*, XVI, 2.
(2) 16, § 1, eod.
(3) 7, *de duob. Reg.*, XLV, 2.
(4) 28, Code, *Fidejussor.*, VIII, 41, al. *idemque in...*

délivrée contre un *correus* n'épuisait pas le droit contre les autres.

A l'époque classique les obligations n'étaient pas éteintes par l'expiration d'un certain temps; les actions personnelles étaient en général perpétuelles, et leur non-exercice n'en diminuait pas les effets. Une modification fut introduite en cette matière par Honorius qui déclara ces actions prescriptibles et susceptibles de s'éteindre par trente ou quarante ans. Mais ce délai ne commence à courir qu'à l'échéance du terme ou à l'arrivée de la condition, lorsque la dette est conditionnelle ou à terme (1).

Si le créancier ne peut provoquer l'exécution de l'obligation avant le terme, il est quelquefois autorisé à réclamer des garanties, une caution par exemple. Il faut pour cela que l'action soit de bonne foi, et que le créancier ait une juste cause pour devancer le terme. On peut considérer comme tels l'appauvrissement du débiteur, et le soupçon que sa conduite inspire au créancier. Il faut rattacher à cette idée la décision que nous trouvons dans un texte déjà cité (2), et d'après laquelle un débiteur à terme est forcé de donner une caution. Car si à l'époque où Ulpien écrivait cette loi la *petitio hereditatis* n'était pas encore rangée parmi les actions de bonne foi, elle pouvait leur être assimilée à plusieurs points de vue, comme l'atteste la loi 36, § 4, *eod. titul.* V, 3.

Quand l'obligation consiste dans des prestations périodiques, elle se décompose en plusieurs dettes

(1) 41, Dig., *de Judiciis*, v, 1, et 38, Dig., *pro Socio*, xvii, 2.
(2) 16, pr., Dig., *Hered. petit.*, v, 3.

qui ont chacune un terme d'exigibilité. Si, par suite
du retard apporté par le débiteur dans le payement
de plusieurs échéances, le créancier est obligé d'agir
contre lui, il pourra non-seulement demander ce payement, mais aussi se faire donner des garanties pour
assurer l'exécution future de l'obligation. Toutefois
nous ne dirons pas avec Voet (1) que le juge peut
condamner le débiteur à exécuter les prestations futures au fur et à mesure des échéances : car cette solution est contraire à ce principe qu'un *judicium* ne
peut exister de *futuro* (2). Quant aux textes que Voet
invoque, ils sont d'autant moins concluants qu'ils se
réfèrent à une pure question de preuve (3).

Pour terminer l'énumération des effets du terme
à l'égard du créancier, nous nous demanderons s'il
peut, avant l'échéance, obtenir l'envoi en possession des biens du débiteur. C'est là un moyen accordé aux créanciers pour sauvegarder leurs droits,
soustraire leur gage à l'administration du débiteur,
et arriver à l'exécution de ses obligations. Toutes les
fois qu'il s'agit d'une créance pure et simple, le bénéficiaire peut demander dans tous les cas la *missio
in bona*, puisqu'il peut poursuivre directement l'exécution de l'obligation. En ce qui touche le créancier
à terme, on aurait dû faire une distinction, et lui accorder la faculté d'obtenir l'envoi en possession quand
il aurait eu un caractère purement conservatoire.

(1) *De Judiciis*, n° 27,
(2) 35, Dig., *de Judic.*, V, 1.
(3) 18, § 1, *de Aliment.*, Dig., XXXIV, 1 ; et 1, Code, *de Fideicom.*, VI, 42.

Nous verrons si cette distinction a été faite ; quoi qu'il en soit, les textes ne sont pas très-explicites sur ce point.

Ulpien (1) refuse au créancier à terme le droit de provoquer la *venditio bonorum*, et probablement aussi l'envoi en possession qui en est le préliminaire : *Si debitor in diem... latitet, antequam dies veniat, non possunt bona ejus venire : quid enim interest debitor quis non sit, an nondum conveniri possit?* Paul, qui dans une loi accorde au créancier conditionnel (2) le droit de demander la *missio in bona*, revient sur cette solution dans une autre partie de ses écrits : *In possessionem mitti solet creditor etsi sub conditione ei pecunia promissa sit* (3) ; ajoutons : *Creditor autem conditionalis in possessionem non mittitur : quia is mittitur qui potest bona ex edicto vendere* (4).

De nombreuses explications ont été proposées pour faire disparaître l'antinomie entre ces deux solutions empruntées au même jurisconsulte. L'une d'elles applique distributivement la décision de la loi 6 au créancier à terme, et celle de la loi 14, § 2, au créancier conditionnel. Elle est fondée sur cette idée fausse que la condition crée une exception perpétuelle, tandis que le terme établit une exception temporaire.

(1) 7, § 14, *Quibus ex causis*, XLII, 4.

(2) Ce que le jurisconsulte dit du créancier conditionnel doit s'appliquer au créancier à terme (argument, loi citée à la note précédente).

(3) 6, pr., Dig., *Quibus ex causis*, XLII, 4.

(4) 14, § 2, Cod.

Cujas (1) a proposé de dire que le créancier à terme
pourrait demander la *missio in bona* en tant qu'elle
aurait pour but de conserver les biens, de les soustraire à l'administration du débiteur, hypothèse réglée par la loi 6 ; mais que cette possession ne produirait pas tous ses effets, qu'elle n'entraînerait ni
le droit de gage, ni la faculté de faire vendre ; hypothèse prévue par la loi 14, § 2.

Voet (2) donne une explication qui s'éloigne de
celle de Cujas, parce qu'il restreint aux contrats de
bonne foi le droit pour le créancier à terme d'obtenir
l'envoi en possession. Il le rattache à un autre droit,
celui de demander une caution (14, *de Judiciis*, Dig.).
S'il n'en est pas de même dans les contrats de droit
strict, c'est parce que le juge se trouve lié par les
termes de la convention, et qu'il ne peut condamner
à fournir une caution que quand les parties l'ont expressément stipulée.

Donneau (3) et Favre reconnaissent au créancier à
terme le droit de demander la *missio in bona*, le premier quand il n'y a pas d'autres créanciers, le second
quand il y en a.

M. Bufnoir (4) propose de distinguer entre les différentes causes qui justifient la demande d'envoi en
possession, et si sa distinction est vraie pour le créancier conditionnel, elle doit l'être pour le créancier
à terme : « Il est incontestable, dit M. Bufnoir,

(1) Com. sur Paul, *ad Edictum*, lib. LXII, sur la loi 6.
(2) *Pandectis*, sur le tit. *de Judiciis*, n° 2.
(3) *De Jure civili*, lib. XXIII. cap. XI, § 8, note 8.
(4) *De la Condition*, p. 293 et seq.

« que le créancier sous condition ne sera pas admis
« en l'absence de tous autres, à demander l'envoi en
« possession *ex causa judicati*, puisqu'il ne peut ob-
« tenir de jugement, ni sous prétexte que le débiteur
« *fraudationis causa latitat*, puisqu'il n'a pas en-
« core d'action à exercer contre lui. Mais si nous
« supposons le débiteur décédé sans que sa succes-
« sion soit recueillie par un héritier ou un *bonorum*
« *possessor*, il n'y a rien d'illogique à admettre que
« le créancier conditionnel pourra pour la conserva-
« tion de ses droits demander l'envoi en possession
« des biens qui forment son gage éventuel. Et la
« preuve qu'il devait en être ainsi, c'est que le créan-
« cier sous condition était admis à obtenir la *sepa-*
« *ratio bonorum*, qui implique une *missio in bona*
« *defuncti* (1). »

Cette distinction nous paraît conforme aux
principes; mais elle n'est consacrée par aucun
texte, et nous ne croyons pas qu'elle ait été dans
la pensée de Paul lorsqu'il écrivait les lois 6, princ.,
et 14, § 2 : car la formule qu'il emploie est générale dans un sens comme dans l'autre.

Quant aux autres conciliations qui ont été proposées et qui sont toutes plus ou moins arbitraires, elles
ne nous paraissent pas admissibles. Ainsi nous n'hésitons pas à repousser la première qui est fondée sur
une distinction entre la créance à terme et la créance
conditionnelle. Car cette distinction nous semble in-
soutenable en présence de la loi 7, § 14, *eod. tit.*, qui

(1) 4, pr., Dig., *de Separ.*, XLII, 6.

assimile ces deux droits au point de vue qui nous occupe. Quant à l'explication de Cujas, elle nous paraît contraire au texte de la loi 14, § 2, dans laquelle Paul refuse l'emploi en possession précisément parce qu'on ne l'accorde qu'à celui qui peut faire vendre. Pour celle de Voet la même raison, quoique ne s'y appliquant que pour partie, nous engage à ne pas l'admettre.

Restent les deux conciliations de Doneau et Favre que nous croyons devoir repousser, parce que le droit pour le créancier à terme de demander l'envoi en possession ne doit pas dépendre de l'existence d'autres créanciers. En résumé, nous pensons qu'il vaut mieux admettre la contradiction entre les deux textes de Paul. Peut-être pourrait-on l'expliquer de la manière suivante : Dans la loi 6, pr., le jurisconsulte indique la pratique de son temps qu'il constate sans l'approuver, ni l'improuver; cette conjecture me paraît confirmée par le mot *solet*, et par cette idée que la loi 6 est tirée du commentaire sur l'édit, où le jurisconsulte, se plaçant surtout au point de vue pratique, devait indiquer comment cet édit était entendu et appliqué. Mais, quand plus tard il examine à fond la question, il est frappé de cette idée, que l'envoi en possession est le préliminaire de la vente des biens ; et comme cette vente est impossible de la part du créancier à terme, il en conclut qu'il ne peut y avoir à son profit envoi en possession ; telle est la solution de la loi 14, 2, tirée des *Questionum*. Cependant cette idée, que quand la *venditio* est impossible, la *missio in bona* ne peut avoir lieu, n'a pas toujours

été suivie; car, quand le débiteur est absent de bonne
foi pour le service de la république, l'envoi en possession est possible, bien que la vente ne puisse être
poursuivie (1).

Nous avons supposé, dans la discussion qui précède, que le créancier à terme demandait seul la
missio in bona; mais si nous supposons qu'elle a été
demandée et obtenue par d'autres, nous pensons qu'il
pourra en profiter. Car il n'y a plus de raison pour
maintenir au débiteur le terme qui lui avait été
accordé, et qui était fondé sur la confiance que le
créancier avait en lui.

Malgré l'addition du terme, quand l'obligation
porte sur un corps certain, sa perte fortuite avant
l'échéance entraîne la libération du débiteur (2);
c'est une application de la règle, *debitor certæ rei
interitu liberatur.* Il en est de même dans la vente à
terme; du jour du contrat, les obligations sont indé-
pendantes l'une de l'autre, et lorsque la chose périt
sans la faute du vendeur, il est libéré de son obligation, tandis que l'acheteur reste obligé (3); c'est ce
qui fait dire que la chose est aux risques de l'acheteur.

II. Le terme est en général ajouté dans l'intérêt du
débiteur, d'où il résulte qu'il peut y renoncer si bon
lui semble et payer avant l'échéance : *Quod certo
die promissum est vel statim dari potest, totum enim
medium tempus ad solvendum promissori liberum*

(1) 6, § 2, *Quibus ex*, XLII, 4.
(2) 33, Dig., *Verb oblig.*, XLV, 1.
(3) 8, princ., Dig., *perf. com. Rer. vend.*, XVIII, 6.

relinqui intelligitur (1). Il n'en est plus de même lorsque le terme a été stipulé dans l'intérêt du créancier : cela se présente dans le dépôt, ainsi que nous l'avons vu, et dans les fidéicommis, surtout lorsqu'ils sont faits au profit des impubères, et doivent être exécutés à leur majorité (2). L'héritier débiteur n'est pas libéré par une restitution anticipée; telle est la décision donnée par Javolenus dans la loi 15. (*Annuis legatis*, Dig., XXXIII, 1.) Interrogé sur l'effet d'une pareille restitution, ce jurisconsulte déclare que, si le terme a été ajouté dans l'intérêt du fidéicommissaire incapable de défendre ses droits, l'héritier ne sera pas libéré à tout événement : *Si propter capientis personam, quod rem familiarem tueri non posset, in diem fideicommissum relictum probetur et perdituro ei id heres ante diem restituisset, nullo modo liberatum esse.*

Quand, dans un *mutuum* d'argent, le prêteur a stipulé des intérêts et un terme pour le payement, il peut refuser toute restitution anticipée; la renonciation de l'emprunteur au bénéfice du terme ne peut en priver le créancier intéressé probablement à attendre l'échéance (3). Mais si l'emprunteur offre outre le capital les intérêts jusqu'au terme, le prêteur peut-il encore refuser de recevoir? Voet (4) adopte la néga

(1) 70, Dig., *Solut et liber.*, XLVI, 3; et loi 15, citée ensuite al. quod si...

(2) 13, § 2, Dig., *de Leg.*, II, XXXI.

(3) Argument, loi 29, Code *de Pactis*, II, 3.

(4) N° 20, *de Rebus creditis.*

tive; mais cette interprétation nous paraît contraire aux principes et, comme telle, ne doit pas être admise.

Dans les cas où le débiteur paie avant l'échéance, il ne peut demander que le créancier supporte une diminution représentant l'*interusurium*, différence entre la quantité nominale d'une dette à terme, improductive d'intérêts, et sa valeur réelle avant l'échéance du terme. Cette décision est d'autant plus équitable, que si le débiteur peut quelquefois renoncer au bénéfice du terme, il ne doit pas pouvoir faire retomber sur le créancier les conséquences de cette renonciation : celui-ci sera toujours admis à lui dire que s'il veut l'empêcher de réaliser un bénéfice, il le peut en attendant l'échéance. Nous trouvons cette solution consacrée pour les legs : un testateur lègue une certaine somme avec cette clause, qu'on ne peut la payer ni l'exiger avant cinq ans; l'héritier en paie une portion avant l'échéance ; peut-il demander à l'arrivée du terme qu'on tienne compte du bénéfice résultant du payement anticipé (*repraesentatio*)? Le jurisconsulte répond qu'il n'en doit pas moins ce qui reste, bien qu'il ait payé avant l'échéance : *Non propterea minus relictum videri, quod aliquid ante diem solutum sit* (1); ce qu'on peut traduire : Il ne paraît pas être laissé moins, parce que.... le legs ne doit pas être diminué, parce que..., d'ailleurs, une autre solution eût été contraire à la volonté du testateur,

____

(1) 88, § 5, Dig , *de Legat.*, II, **XXXI**; Cujas propose de lire *debebit* au lieu de *videri*.

souveraine pour l'interprétation des dispositions testamentaires.

Lorsqu'à la dissolution du mariage le mari débiteur
de la dot ne peut fournir les sûretés promises, la
femme recouvre sa dot avant les termes fixés ; mais
elle est tenue de subir une diminution à cause de
l'avantage que lui procure cette restitution anticipée.
Cette exception au principe développé dans le paragraphe précédent ne peut s'expliquer que par un motif d'équité. Toutefois, pour qu'elle s'applique, il faut
qu'il n'y ait pas mauvais vouloir de la part du mari.
Quand cette condition est remplie, la femme n'est pas
reçue à dire qu'elle aime mieux attendre l'échéance
que de subir une déduction (1).

Le payement anticipé ne produit pas tous les effets
de celui qui n'est fait qu'à l'échéance. Ainsi, quand
le *solvens* est un débiteur accessoire, fidéjusseur ou
autre, et qu'il a un recours contre le débiteur principal, l'exercice de ce recours est suspendu jusqu'à
l'échéance du terme. Autrement, on priverait indirectement le débiteur du bénéfice qu'il s'est ménagé, en
stipulant un terme. Le débiteur accessoire ne peut
donc intenter l'*actio mandati* aussitôt le payement :
telle est au moins l'opinion qui a prévalu (2). Car on
avait soutenu à l'origine que le fidéjusseur pourrait
agir, mais que le montant de la condamnation serait
diminué de l'intérêt qu'avait le débiteur à ce que le
payement fût fait à l'échéance.

Le payement opéré avant l'arrivée du terme ne

(1) 24, § 2, Dig., *Soluto matri.*, XXIV, 3.
(2) 22, § 1, et 51, *Mandati*, XVII, 1.

peut être attaqué par le débiteur sous prétexte qu'il
aurait agi par erreur. La *condictio indebiti* lui est
refusée, parce que l'une des conditions nécessaires à
son existence manque complétement. Il n'y a pas à
proprement parler *indebitum*, puisque la dette existe,
malgré le terme, *præsens obligatio est*, dit Paul (loi
40, *Verb. obl.*, XLV, 1). Il en serait autrement, si la
dette était conditionnelle ; *pendente conditione*, l'*accipiens* est exposé à la *condictio indebiti* de la part du
solvens; il n'est en sûreté que quand la condition est
accomplie. Ces idées sont formulées dans différents
textes du titre *de Condictione indebiti* (1). L'un d'eux
a donné lieu à des difficultés d'interprétation ; c'est le
paragraphe 1er de la loi 16, tiré de Pomponius, et ainsi
conçu : *Quod autem sub incerto die debetur, die
existente non repetitur.* La traduction la plus litté-
rale serait la suivante : « Ce qui est dû à terme incertain, ne peut être répété le jour existant, le terme
étant arrivé. » Si ce texte se référait au terme véritablement incertain, il serait inutile, car ce qui serait
payé, *pendente die*, ne pouvant être répété avant
l'échéance du terme, doit, *a fortiori*, ne pouvoir l'être
après. Aussi Cujas (2) a-t-il proposé d'ajouter avant
existente, la négation *non*. Mais cette addition n'est
autorisée par aucun manuscrit. Doneau, pour montrer que ce paragraphe 1er s'applique au terme incertain, force un peu le sens du mot *existente*, il traduit comme s'il y avait *exstaturo (si sit is dies, quem
certum sit existere postea)*. Il pense que le juriscon-

(1) 16, 17, 18, *Dig.*, *Condict. indeb.*, XII, 6.
(2) *Observat.*, lib. XIII, cap. XX.

sulte Pomponius voulait parler dans ce passage du terme incertain proprement dit, comme Ulpien dans la loi 18, al. 1er. Nous croyons plutôt avec M. de Savigny (1) qu'il s'agit de la modalité qui, sous la forme d'un terme incertain, n'est autre qu'une condition.

D'ailleurs, les mots *incerto die* ont quelquefois ce sens, comme l'atteste la loi 38, § 16, *Verb. obl.*, où Ulpien, pour opposer la condition au terme, a écrit : *inter incertam, certamque diem*. Ainsi entendue, la loi 16, § 1er, cadre parfaitement avec celles qui suivent ; après avoir transcrit un fragment sur le payement d'une dette conditionnelle, les compilateurs auraient emprunté à Ulpien les lois 17 et 18 pour opposer à cette hypothèse celle d'une dette contractée avec un terme véritablement incertain, ou sous une condition qui n'est rien moins qu'un terme, puisqu'elle doit nécessairement arriver.

Si le créancier qui reçoit avant l'échéance n'a rien à craindre de la part du débiteur, il n'est pas à l'abri de toute action en restitution, sinon de la créance, au moins de l'*interusurium*. Lorsque le débiteur est insolvable lors du payement, qu'il connaît sa position et l'impossibilité où il se trouve de désintéresser tous ses créanciers, l'action paulienne leur est accordée contre celui qui a reçu avant l'échéance. Ils peuvent faire révoquer le payement jusqu'à concurrence de l'avantage que l'anticipation lui a procuré. Il n'est pas nécessaire qu'il soit *conscius fraudis*, parce qu'il est considéré comme un donataire dans les limites de

<hr>

(1) *Des Syst.*, III, p. 225, note *h*.

cet avantage (1). Sans doute, s'il est de mauvaise foi, il sera traité plus rigoureusement et devra restituer tout ce qu'il a reçu, et non pas seulement ce dont il se trouve plus riche.

Le motif de cette décision est donné par Ulpien dans la loi 17, et repose sur cette idée qu'il peut y avoir fraude dans le temps : *Nam prætor intelligit fraudem etiam fieri in tempore.*

Le débiteur a d'autres moyens que le payement pour renoncer au bénéfice du terme : il peut, par exemple, léguer au créancier sa créance; un pareil legs est valable, parce qu'il contient quelque chose de plus que l'obligation; en permettant au créancier d'agir avant l'échéance, il lui procure l'avantage qui résulte de tout payement anticipé : *Quod si in diem... debitum ei pure legatum, utile est legatum propter repræsentationem* (2). Lorsqu'au contraire le legs ne contient rien de plus que la dette, *si nihil plus in legato quam in debito*, lorsqu'il est affecté des mêmes modalités, il est nul (3). Des jurisconsultes concluaient de là que le legs d'une dette à terme était annulé lorsque l'échéance arrivait du vivant du testateur. Papinien fit prévaloir l'opinion contraire en se fondant sur ce que c'est au moment de la confection du testament qu'il faut se placer pour déterminer la validité du legs. Si, à cette époque, les conditions exigées sont remplies, le legs, valable à l'origine,

(1) 10, § 12, et 17, § 2, Dig., XLII, 8. Cf. loi 19, cod. tit., qui contient une exception fondée sur l'intention du disposant, et la faveur attachée aux fidéicommis.

(2) § 14, *Inst. de Legatis*, II, 20.

(3) 29, Dig., *de Legat.*, I, XXX.

doit rester tel malgré la réalisation ultérieure des circonstances qui auraient empêché sa validité primitive. (*Inst.*, *loco cit.*) D'ailleurs, le créancier légataire trouve son avantage dans le maintien du legs, parce qu'il a deux actions au lieu d'une, et que, sous Justinien au moins, son droit est garanti par une hypothèque. Quand le legs de la dot est fait par le mari à sa femme, il est toujours valable lorsque la dissolution du mariage a lieu par la mort du mari. La femme recueille le bénéfice de la *repræsentatio* au moins en ce qui touche les quantités dans l'ancien droit, les meubles sous Justinien. Elle n'est pas tenue d'attendre l'expiration des délais légaux pour provoquer leur restitution.

Le débiteur peut encore renoncer au bénéfice du terme au moyen du pacte de constitut. Il prend alors pour payer un jour plus rapproché : *Sed et, si citeriore die constituat se soluturum, similiter teneatur* (1). Quand la dette primitive est naturelle, et que le débiteur prend pour la payer le jour même de son échéance, la validité du pacte de constitut ne pouvait être douteuse ; car il avait cette utilité de munir d'une action une obligation qui en était dépourvue. Il n'en était plus de même lorsque la dette primitive était civile ou prétorienne ; des jurisconsultes doutaient de la validité du pacte de constitut, par lequel un débiteur, sans apporter aucune modification dans l'obligation (2), promettait de payer au même terme. La-

---

(1) L. 4, Dig., *Pecun. const.*, XIII, 5.
(2) Ces modifications sont en effet permises, argum., loi 1, § 5, cod., III.

béon et après lui Ulpien décidaient que ce pacte serait valable, probablement parce qu'ils lui reconnaissaient l'utilité de produire une action souvent différente de celle qui sanctionnait l'obligation. Les doutes, sur ce point, furent levés par une constitution de Justinien (1).

Comme dernière conséquence de cette idée que, dans l'obligation à terme, la dette existe, nous rappellerons que la novation qui porte sur une pareille obligation produit son effet immédiatement avant l'échéance du terme. Il n'en est pas de même quand l'obligation est conditionnelle; l'effet de la novation est suspendu jusqu'à l'arrivée de la condition (2).

III. Aussitôt l'échéance, le créancier a le droit d'agir contre le débiteur. Il est donc important de déterminer exactement le moment où le terme peut être réputé échu. Pas de difficulté lorsque la modalité est ainsi conçue : Me promettez-vous 10 aux calendes de janvier ? Le créancier ne peut agir qu'après l'expiration du dernier jour du terme parce qu'il appartient tout entier au débiteur. *Quia totus is dies arbitrio solventis tribui debet : neque enim certum est eo die in quem promissum est, datum non esse priusquam is præterierit* (3).

De même dans les stipulations *ante calendas* 10 *spondesne?* et *hoc anno, hoc mense darine spondes?* l'action du créancier est suspendue jusqu'à la fin des

(1) 3, § 2, Dig., eod, et 2 prin., Code, *Const. pecu.*, IV, 18.
(2) 5 et 8, § 1, Dig., *de Novat et deleg.*, XLVI, 2.
(3) § 2, Inst., *Verb. oblig.*, III, 15.

calendes, de l'année et du mois (1). Telle est au moins dans la dernière hypothèse l'opinion qu'enseignait Proculus et qui paraît avoir prévalu. Les Sabiniens en effet permettaient au créancier d'agir aussitôt l'année ou le mois commencé.

Des doutes s'élèvent quelquefois sur la fixation du terme ajouté par les parties, ainsi que le mentionne Ulpien dans la loi 41, *Verb. obligat.* Alors tout en interprétant la convention dans le sens le plus défavorable au stipulant, et le plus favorable au promettant, on fait en sorte qu'elle produise un effet (2). Pour ne citer qu'une application de ce principe, nous rappellerons l'hypothèse de la loi 41, pr. : Primus stipule 10 pour les calendes de janvier. On interprète le contrat comme si les parties avaient visé les calendes prochaines : car si, comme l'indique Pomponius dans la loi 100, on avait considéré, *quod longius esset*, on aurait refusé tout effet à la stipulation ; puisqu'il y aurait toujours des calendes plus éloignées.

Lorsqu'il s'agit d'un terme tacite, il n'est pas toujours facile de déterminer l'échéance. Nous avons vu au début de notre étude que quand la stipulation avait pour objet la construction d'une maison, le débiteur jouissait d'un délai fixé d'après les circonstances. Nous nous demandons maintenant si le créancier doit, pour agir contre le débiteur, attendre l'expiration de

(1) 133, prin., Dig., *Verb. oblig.*, XLV, 1, ajoutez *non* avant *peti* ; loi 42, cod. — Cf. 11, pr. et § 2, Dig., *Manu. testa.*, XL, 4, qui contient des dispositions exceptionnelles fondées sur la faveur accordée aux legs de liberté.

(2) 38, § 18, 50, 99 et 100. Dig., *Verb. oblig.* Cf. art. 1187 et 1162.

ce délai. Nous avons sur ce point deux textes contradictoires en apparence d'après certains interprètes,
et en réalité d'après d'autres. Dans le premier de ces
textes (1) Pomponius, reproduisant une opinion de
Celsus, déclare que le créancier ne peut agir que
quand s'est écoulé le temps nécessaire à la construction de la maison : *Celso placet non ante agi posse
ex ea causa quam tempus præteriisset, quo insula
ædificari posset.* Dans l'autre loi (2) Ulpien décide
que le créancier n'est pas tenu d'attendre l'expiration de ce délai : *Nec insulam fieri (si quis stipulatus sit), (non est expectandum) ut tantum temporis
quanto insula possit fabricari; sed ubi jam cœpit
mora faciendæ insulæ fieri, tunc agetur, diesque
obligationi cedit.*

Doneau (3) propose une conciliation fondée sur ce
que ces textes se réfèrent à deux actions différentes.
Ulpien, en permettant au créancier d'agir avant
l'échéance, limiterait son droit à l'intérêt qu'il aurait
à ce que les travaux fussent commencés ; car, dit Doneau, c'est seulement dans cette limite qu'il peut y
avoir demeure de la part du débiteur. D'un autre
côté, Celsus et après lui Pomponius, en refusant
une action au créancier, songent au cas où il voudrait
agir pour le tout, *ex ea causa,* c'est-à-dire, *ob insulam non ædificatam;* mais ils ne supposent pas
comme Ulpien qu'il limite sa demande à ceci, *ob insulam non inchoatam.*

<hr>

(1) 11, Dig., *Verb. obl.*, XLV, 1.
(2) 72, § 2, eod.
(3) Com. *ad titul. Verb. obl.*, sur la loi 11, n° 1, et seq.

Cujas (1) repousse cette conciliation avec raison, selon nous. En effet, si on lit attentivement le fragment emprunté à Ulpien, on verra qu'il est bien difficile d'y introduire la restriction à laquelle fait allusion Doneau, d'autant plus qu'à la fin du texte le jurisconsulte parle de l'obligation au point de vue du *dies cedit*. Car le *dies cedit* ne pouvant se référer qu'à l'obligation entière, cela prouve que, dans la pensée d'Ulpien, elle est considérée dans son ensemble. Nous ajouterons que, dans la loi 14, il est tout aussi difficile d'introduire une restriction, et que les mots *ex ea causa*, qui semblent si concluants à Doneau pour l'établir, signifient simplement *pour cette cause* : or, le créancier agit *ex ea causa*, qu'il agisse soit *ob non inchoatam*, soit *ob non ædificatam insulam*. Quant à l'argument tiré par Doneau, de la loi 137, § 3, cod., il n'est guère probant : il ne résulte nullement de ce texte que, l'ouvrage n'étant pas commencé aussitôt la stipulation, le créancier puisse agir et obtenir une condamnation basée sur l'intérêt qu'il a à ce que les travaux soient commencés. Le passage précité se réfère plutôt à la détermination du délai accordé au débiteur pour l'exécution de l'obligation. D'ailleurs cette dissidence entre Ulpien et Celsus peut s'expliquer par une divergence d'opinions entre les deux écoles proculienne et sabinienne. Les proculiens, parmi lesquels on range Celsus, se montrent toujours moins favorables pour le créancier : ainsi, dans la stipulation *hoc anno dare spondes*, ils ne permettent

______

(1) Cujas, com. ad leg. 14 ; sur le titre *Verb. oblig.*

pas au créancier d'agir immédiatement; de même,
dans la stipulation de peine sous forme de condition,
ils déclarent le droit suspendu jusqu'au moment où le
promettant ne peut plus accomplir la condition (1).
Les sabiniens, au contraire, sont mieux disposés en
faveur du créancier, et, dans les exemples précédents,
ils lui reconnaissent le droit d'agir immédiatement et
déclarent la peine encourue aussitôt que le promettant qui le peut n'exécute pas. L'opinion des sabiniens, dans notre hypothèse, serait que le débiteur
peut être poursuivi aussitôt la stipulation, tandis que,
d'après les proculiens, l'action ne serait ouverte
contre lui qu'à l'échéance du terme tacite. Quelle
que soit l'explication que l'on adopte sur la conciliation des lois 14 et 72, p. 2, nous pensons que la décision consacrée par la première est la plus conforme
aux principes.

La condition, nous l'avons dit, consiste dans un
événement futur et incertain : elle est positive, quand
la naissance du droit est subordonnée à la réalisation de cet événement ; négative, quand cette naissance du droit est subordonnée à la non-réalisation.
Si un terme est ajouté à la condition le créancier
pourra quelquefois agir avant son arrivée : la condition est-elle positive, elle n'est accomplie et le droit ne
naît que si l'événement prévu se réalise avant le jour
fixé ; est-elle négative, elle est accomplie quand ce
jour se passe sans que l'événement se réalise ou
même quand il devient certain, *pendente die*, qu'il ne

---

(1) 138, Dig., et 115, § 2, *Verb. oblig.*, XLV, 1.

se réalisera pas. Ces principes vont nous servir à expliquer des solutions en apparence contradictoires : *Si calendis Stychum non dederis, decem dare spondes? Mortuo homine quæritur an statim ante calendas agere possit? Sabinus et Proculus diem exspectandum actori putant, quod est verius : tota enim obligatio sub conditione et in diem collata est et licet ad conditionem committi videatur dies tamen superest* (1).

Si Lucius Titius ante calendas maias in Italiam non venerit, decem dare spondes? Non ante quidquam possii peti, quam exploratum sit ante eam diem in Italiam venire Titium non posse....; sive mortuo id acciderit (2)? Au premier abord, les solutions données dans ces deux lois semblent se contredire. En effet, la stipulation prévue dans la première paraît être affectée d'une condition négative, comme la stipulation prévue dans la seconde ; et par application des principes que nous avons rappelés plus haut, on aurait dû, dans l'un et l'autre cas, permettre au créancier d'agir avant l'échéance du

---

(1) 8, Dig., *Verb. oblig.*, XLV, 1. Cujas propose de lire : *licet ante diem conditio committi*, au lieu de : *licet ad conditionem....* (*Observ.* liv. XXII, cap. IX et XVII.) Mais cette correction du texte des Florentines me paraît d'autant moins admissible qu'en parlant d'une condition on n'emploie pas en général le mot *committi*. D'ailleurs on peut expliquer facilement le texte en traduisant *licet ad conditionem....* par cette phrase : bien qu'en ce qui touche la condition, l'obligation *soit commise...*

(2) 10, Dig., eod titul. Nous rappelons que des interprètes anciens soutiennent que, même dans cette hypothèse, le créancier doit pour agir attendre le terme. Mais cette interprétation combattue par Pothier (Pandectes, ad titul. *Verb. oblig.* n° 103, note 1), est contraire au texte de la loi.

terme, lorsqu'il devient certain que l'événement prévu ne se réalisera pas. Or, par la mort de Stychus, cette certitude est acquise ; la condition sous laquelle les 10 sont promis peut être réputée accomplie, et rien ne paraîtrait devoir s'opposer à l'action du créancier. Cependant, si l'on examine attentivement les deux modalités contenues dans ces lois, si on les décompose, on peut expliquer la différence entre les solutions (1). Dans la première, en effet, il y a une condition et un terme destiné à différer la demande de 10. Il n'est pas nécessaire que le promettant livre Stychus ; il suffit, pour se soustraire au payement de ces 10, qu'il le livre aux calendes. Durant la vie de l'esclave, on ne peut rien lui demander, lors même qu'il serait certain qu'il ne veut pas le donner. Il doit en être de même lorsque l'impossibilité de livrer Stychus tient à sa mort. Cujas (2) pense que la stipulation est ainsi faite pour que Stychus soit livré : *quia hac conditione id agitur tacite, ut Stychus solvatur*, et qu'il faut interpréter la convention comme s'il y avait : *Stychum calendis dabis? At si non Stychum calendis dederis, 10 dari spondes?* d'où il conclut que le terme a été ajouté à la livraison de Stychus par égard pour le promettant, et qu'on ne peut rien lui réclamer avant l'échéance.

(1) L'explication donnée par Pothier semble fondée sur la différence des expressions employées (*calendis*, et *ante calendas*). Selon lui, la stipulation de la loi 10 n'est pas censée contenir de terme fixe. Cette explication est inadmissible en présence de la loi 13, *Verb. oblig.*, qui assimile les deux formules *calendis* ou *ante calendas* (*loc. cit.*, n° 111).

(2) Com. ad titu. *Verb. oblig.*, ad leg. 8 ; adde Doneau, com. ad leg. 8 et 10.

Dans l'autre hypothèse, la modalité est différente : il y a une condition affectée d'un terme, et non une condition et un terme affectant en même temps la stipulation. Elle n'est pas ajoutée pour que Titius vienne en Italie, ou pour que le *promissor* fasse ou donne quelque chose. Son effet est le même que celui de toute condition. Le terme n'est pas stipulé par égard pour le promettant afin de différer le payement; il a seulement pour but de limiter le délai dans lequel l'événement prévu ne doit pas se réaliser pour que la condition soit réputée accomplie. C'est pourquoi, dès que l'accomplissement en est devenu certain, le créancier peut agir contre le débiteur avant l'expiration du délai fixé. Il ne faudrait pas voir des décisions contraires dans les lois 27, § 1, et 99, *Verb. Oblig.*, et penser que le créancier doit toujours attendre, pour poursuivre l'exécution de l'obligation, que les délais soient passés : *Si stipulatus hoc modo fuero, si intra biennium Capitolium non ascenderis, dari? Non, nisi præterito biennio recte petam.* Car on peut restreindre cette solution au cas où le promettant est vivant, et peut, en montant au Capitole le dernier jour du délai, faire défaillir la condition à laquelle est subordonnée l'existence de l'obligation. Mais si sa mort survient *pendente die*, l'application des principes nous conduit à reconnaître au créancier le droit d'agir aussitôt ce fait qui rend impossible l'inaccomplissement de la condition.

Les parties peuvent, lorsqu'elles ajoutent un terme à une condition, reculer l'exécution de l'obligation jusqu'à l'arrivée du terme; de telle sorte que, si avant l'échéance la condition est réputée accomplie, le créancier ne peut pas encore poursuivre le débiteur. On trouve des applications de cette idée en matière de legs surtout; nous mentionnerons seulement à titre d'exemple celle qui en est faite dans la loi 4, § 1 (1) : *Si in quinquennio proximo* **Titio filius natus non erit**, tum *decem Seix heres dato : si Titius ante mortuus sit, non statim Seix decem deberi, quia hic articulus tum extremi quinquennii tempus significat.* Le jurisconsulte considère l'addition du mot *tum* à l'obligation comme manifestant suffisamment chez le testateur l'intention de retarder l'ouverture du legs jusqu'à l'échéance. Si Titius étant mort avant cette époque, il est devenu certain qu'il n'aura pas d'enfant, si en un mot la condition se trouve accomplie, la disposition reste toujours affectée d'un terme avant l'arrivée duquel aucune poursuite ne peut être intentée de la part du légataire.

Lorsque la condition à laquelle est ajoutée un terme est une condition nécessaire, c'est-à-dire consiste dans la négation d'un fait impossible, toute la modalité est supprimée et le créancier peut agir immédiatement. Telle est au moins la solution consacrée par la loi 8 *in fine* (déjà citée): « Si intra calendas digito cœlum non tetigerit, agi protinus potest. »

La clause pénale est une stipulation faite sous la condition qu'une certaine obligation ne sera pas exécutée; quand celle-ci est pure et simple, la peine est encourue différemment, suivant que la clause pénale

____

(1) Dig., *de Cond. et demonst.*, **xxxv**, 1 ; adde 35, Dig., *de Usu et Usuf. legat.*, **xxxiii**, 2.

est ou n'est pas l'accessoire d'une autre stipulation (1).
Mais lorsqu'il y a un terme, la clause pénale produit
ses effets sans sommation par le fait seul de l'échéance,
dès que l'obligation principale est devenue exigible.
Telle est au moins l'opinion qui a prévalu et qui fut
consacrée par une constitution de Justinien : .... *et
adjecerit quod si statuto tempore minime hæc perfecta
fuerint, certam pœnam dabit... Sed etiam citra ullam
admonitionem eidem pœnæ pro stipulationis tenore
fiet obnoxius* (2). Ce système était déjà celui d'Afri-
cain qui (3) admettait implicitement que la clause
pénale était encourue lors même qu'il n'y aurait pas
eu d'interpellation : *Amplius etiam si omnino interpellatus non esset.* D'autres jurisconsultes exigeaient
probablement une sommation préalable pour mettre
le débiteur en demeure d'exécuter l'obligation principale ou de subir la peine. Mais leur opinion fut repoussée par Justinien qui, pour couper court aux
difficultés qui s'élevaient sur ce point, rendit la décision que nous avons rapportée.

Quelquefois l'échéance du terme est laissée au choix
du débiteur. Ainsi dans un legs, la modalité, *cum voluerit heres,* est considérée comme un terme dont
l'échéance dépend de l'héritier. Mais ce terme est
incertain, et si le légataire survit à l'héritier, les re-
présentants de celui-ci devront acquitter le legs (4).

(1) Conf , loi 115, § 2, *Verb. oblig.,* et les explications de
M. Demangeat, cours de droit romain, t. II, p. 198 et seq.
(2) 12, Code, *de Contra. et com. stipul.,* VIII, 38. Cf. 26, Code
de fidejus., VIII, 41.
(3) 23, Dig., *de Oblig. et act.,* XLIV, 7.
(4) L. 11, § 6, Dig., *de Leg. et fid.,* XXXII.

La stipulation affectée de la modalité *cum voluerit
usus promittendi* n'était pas traitée de la même manière par tous les jurisconsultes. Les uns l'annulaient
parce que la formation du contrat était remise *in arbitrium promittentis ;* les autres la validaient, mais
seulement lorsque le débiteur avait déclaré prendre
jour pour payer. S'il mourait sans avoir fait cette
déclaration, la stipulation était inutile. Telle est la
solution donnée par Paul (1). Ulpien adoptait probablement la première opinion, puisqu'il assimilait les
stipulations *si volueris dare spondes* et *cum volueris dare spondes* (2). On comprend difficilement la décision de Paul ; car ou il y a une condition dans la
modalité *cum volueris*, et alors elle doit annuler la
stipulation, puisqu'elle remet l'existence de l'obligation *in arbitrium rei promittendi* (arg., l. 17, *Verb.
Obl.*), ou il n'y a qu'un terme laissé à l'appréciation
du débiteur, et dans ce cas il faudrait appliquer la
même règle qu'aux legs *cum voluerit heres*.

On a cherché à expliquer cette différence entre la
stipulation *cum* et *si volueris*. Doneau (3) dit que
dans la modalité *cum volueris*, il y a une condition
tacite, et dans l'autre une condition expresse ; que la
première ne doit pas vicier la stipulation comme la
seconde par application de la règle, *expressa nocent,
quæ non expressa non nocent* (4). On trouve la même
explication dans Voet (5) et dans Pothier, qui a

(1) 46, § 2, *Verb. oblig.*, XLV, 1.
(2) 45, § 3, Code.
(3) Com. ad leg, 46, § 2.
(4) 195, Dig., *de Reg juris.*, L, 17.
(5) *Ad Pandectas*, liv. XLV, tit. 1, n° 20.

écrit (1) : « Sans doute il dépend indirectement de sa volonté (du débiteur) de devoir, puisqu'il peut ne le vouloir jamais ; mais il est ordinaire dans le droit que ce qui nuirait étant exprimé, cesse de nuire lorsqu'il ne l'est qu'indirectement. »

La solution de la loi 16, § 2, sur la stipulation *cum volueris* ne peut être généralisée ; et quand une pareille modalité affectait une restitution comme dans le *mutuum* ou le payement d'un prix de vente, nous pensons qu'elle constituait un terme incertain, et qu'on n'exigeait pas que de son vivant le débiteur prît jour pour payer ; et nous croyons que ses héritiers étaient tenus à sa mort et pouvaient être poursuivis par le prêteur ou par le vendeur. Car en laissant le terme au choix du débiteur, le créancier avait agi par une faveur toute spéciale pour le débiteur qui n'a plus sa raison d'être après son décès.

— Nous arrivons maintenant à une question très-discutée entre les interprètes. Elle consiste à se demander si l'échéance du terme met le débiteur en demeure, et rend inutile l'interpellation, nécessaire pour produire ce résultat dans les obligations pures et simples. Cette question a de l'importance à cause des effets de la *mora*, qui sont de mettre les risques à la charge du débiteur, de l'obliger quelquefois à fournir des intérêts et à restituer des fruits.

La *mora*, telle que nous croyons devoir l'entendre, est l'état d'une obligation qui n'est pas exécutée dans le temps où elle aurait dû l'être, par la faute de l'une

____

(1) Ad titul. *Verb. oblig.*, § 99, en note. Cf. Molitor, *Oblig.*, n° 115.

ou de l'autre des parties. Ainsi donc, la *mora* suppose une faute ; or, le seul fait de ne pas payer à l'échéance ne constitue pas une faute de la part du débiteur ; car la loi n'exige pas qu'on fasse spontanément et sans réquisition un sacrifice même obligatoire à l'égard d'autrui. D'ailleurs quelle différence y a-t-il entre l'obligation à terme et l'obligation pure et simple, sinon celle-ci, que la première est *praesens* à l'échéance? elle acquiert seulement alors les qualités qu'a l'autre dès la formation du contrat. Or, si dans la créance pure et simple, exigible immédiatement, il faut une interpellation, pourquoi ne pas l'exiger dans la créance à terme, qui par l'arrivée du terme est assimilable à l'autre? ne peut-on pas dans les deux cas interpréter de la même manière le silence du créancier? ne peut-on pas dire que si à l'échéance il n'interpelle pas le débiteur, c'est qu'il n'éprouve aucun dommage par suite du retard apporté par lui dans l'exécution de l'obligation? Ajoutons que le terme est présumé stipulé dans l'intérêt du débiteur et que si la seule échéance le constituait en demeure il lui serait préjudiciable. Car il peut légitimement compter que le silence du créancier implique une prorogation tacite de terme ; et ce serait le traiter trop sévèrement que de le rendre responsable des cas fortuits au profit du créancier qui n'a rien fait pour lui enlever tout espoir de prorogation de terme.

Ces principes ne sont corroborés par aucun texte qui rejette d'une manière expresse et formelle la maxime *dies interpellat pro homine*, l'échéance vaut interpellation. Toutefois les lois qui parlent de la *mora* disent qu'elle n'existe que par interpellation, et ne font pas de distinction entre les créances à terme et les créances pures et simples : *Mora fieri intelligitur non ex re sed ex persona, id est, si. interpellatus opportuno loco non solverit* (1), et encore, *ex mora præstandorum fideicommissorum vel legatorum fructus et usuræ peti possunt : mora autem fieri videtur cum postulanti non datur* (2). On peut aussi argumenter par *a contrario* de la loi 19, § 3. (Dig. *Verb. Oblig.* XLV, 1.) *Si promissor hominis ante diem in quem, promiserat, interpollatus sit, et servus decesserit, non videtur per eum stetisse.* Si, en effet, le débiteur qui jouit d'un terme n'est pas en demeure par une interpellation antérieure à l'échéance, il le serait si elle était postérieure : ce qui suppose implicitement l'obligation pour le mettre en demeure d'avoir recours à l'interpellation. Dans les contrats de bonne foi un des effets de la *mora* est de faire courir les intérêts *in bonæ fidei contractibus usuræ ex mora debentur* (3). Si donc l'arrivée seule du terme emportait demeure, les intérêts seraient dus aussitôt l'échéance. Or, en principe il n'en est pas ainsi et nous trouvons certains textes desquels il résulte que l'échéance du terme ne produit pas cet effet; pour faire courir les intérêts on exige quelque chose de plus, une convention ou une mise en demeure (4). Une autre raison plus décisive en faveur de cette in-

(1) 32, pr., Dig., *de Usur... et mora*, XXII, 1.
(2 Paul, *Sent.*, lib. III, tit. VIII, n° 4.
(3) 32, § 2, Dig., cod. titu.
(4) 17, § 4, Dig., *Usuris... et mora, eod. titu.*, et 17, Dig., *Act. empti et*, liv. XIX, 1, v. surtout la fin.

terprétation, résulte de ce que dans les textes nous trouvons des hypothèses spéciales où l'arrivée du terme entraîne la mise en demeure *ipso facto*. Ce résultat nous est présenté comme une exception, ce qui prouve qu'en droit commun l'échéance du terme ne produit pas cet effet. Telle est la décision qui a été consacrée par un rescrit des empereurs Dioclétien et Maximien pour le cas où le créancier est un mineur de vingt-cinq ans : ... *ex solo tempore tardæ pretii solutionis, recepto jure moram creditum est ; in his videlicet, quæ moram desiderant, id est in bonæ fidei contractibus* (1)... Les expressions employées dans ce texte prouvent qu'il consacre une dérogation au droit commun : il est à croire, en effet, que si les empereurs avaient rapporté une décision générale, ils ne se seraient pas servis des mots *recepto jure... creditum est* (on croit de droit reçu). Il y a donc une solution spéciale fondée sur la protection due au mineur, comme celle que nous trouvons dans un autre texte (2). En le dispensant d'interpeller son débiteur, on ne veut pas qu'il souffre du retard apporté dans l'interpellation.

Ainsi donc, nous croyons qu'en général l'échéance du terme ne suffit pas pour constituer le débiteur en demeure (3).

Contre cette opinion, l'on a fait plusieurs objections tirées soit des principes, soit des textes, et dont

(1) 3, Code, *in quibus causis*, II, 41.
(2) 5, Code, *Act. empti.*, IV, 49.
(3) En ce sens Molitor, *Oblig.*, n° 348 et seq.; Maynx, § 261; et M. Labbé, *Études sur quelques difficultés*, p. 4, note 1.

nous examinerons les principales. On a dit, par exemple, que, dans l'obligation à terme, le retard est imputable à faute au débiteur; car, le terme étant fixé à l'avance, le débiteur sait qu'il doit exécuter à l'échéance; de plus, le créancier a manifesté l'intention d'être payé alors, si bien que l'interpellation se trouve dans le *dies*. On ajoute que le débiteur ainsi prévenu doit conserver le souvenir de son obligation, qu'il ne peut exiger qu'un autre la lui rappelle. Sans doute, le débiteur à terme sait ou doit savoir qu'il lui faut payer à l'échéance; mais le débiteur pur et simple, lui aussi, sait qu'il doit payer aussitôt la formation du contrat, et cependant on exige une interpellation pour le constituer en demeure; pourquoi en serait-il autrement du débiteur à terme, qui, par le fait de l'échéance, devient pur et simple?

On invoque (1) encore l'injustice qu'il y aurait à faire supporter au créancier, après l'échéance, les conséquences de la perte fortuite de la chose due. Mais cette injustice n'existerait que si le débiteur était en faute de ne pas livrer à l'échéance, s'il était tenu de faire des offres au créancier.

Or, en principe, le contraire a lieu; les textes (2) nous montrent que le débiteur, sauf quelques exceptions, n'est pas tenu de livrer la chose due aux mains du créancier. Si donc il y a un retard imputable à faute à quelqu'un, c'est plutôt au créancier qu'au débiteur.

(1) Mulhembruch, *Doctrina Pandect.*, n° 371.

(2) 9, Dig., *Act. emp. et vend.*, xix, 1. — 5, 18, Dig., *de Peri.* et com. xviii, 6; Cf., loi 1, § 3, eod tit., et 53, Dig., *Fideicom*, liber. XL, 5, qui contient une exception pour l'affranchissement.

Pour appuyer les objections fondées sur les principes, on a recours à divers textes. Ainsi, on invoque la fin de la loi 1, § 1, *Act. emp. et vend.* : *Neque certiorari debuit qui non ignoravit.* Mais cet argument n'est pas concluant, parce que l'interpellation n'a pas seulement pour but d'avertir celui qui doit de l'existence de la dette. D'ailleurs, ainsi entendu, le texte prouverait trop; il pourrait servir à combattre la nécessité de l'interpellation dans une obligation pure et simple; car, le débiteur étant censé ne pas ignorer qu'il doit, l'on pourrait dire de lui : *Neque certiorari debuit, qui non ignoravit.* Quant aux arguments qu'on a voulu tirer de certains textes, tant du Digeste que du Code, ils ne suffisent pas pour prouver que la maxime *dies interpellat pro homine* était consacrée par le droit romain. Car ils contiennent des décisions fondées sur des raisons spéciales qu'on ne peut généraliser. Telles sont les lois 1, § 1 (de leg. com., XVIII, 3); 23 (*Oblig. et act.*, XLIV, 7) et 12 (Cod., *cont. et com. stipu.*, VIII, 38).

Dans ces différents textes il s'agit d'une *lex commissoria* et d'une *clause pénale* auxquelles on applique les principes qui régissent la réalisation des conditions; car la non-exécution de l'obligation principale et le non-payement du prix sont les conditions auxquelles se trouvent subordonnées la stipulation de peine et la résolution du contrat. Elles sont accomplies, comme toutes les conditions négatives, lorsqu'à l'époque fixée le débiteur n'a pas effectué le payement ou exécuté l'obligation. On comprend dès lors que le droit à la peine ou à la résolution du contrat naisse indépendamment de toute interpellation. C'est donc à tort que des interprètes veulent appliquer à toutes les obligations à terme le motif donné par Justinien dans la constitution qui forme la loi 12 précitée.

Nous ne nous arrêterons pas non plus à l'argument que l'on croit trouver dans la loi 5, Dig. pri., *de Oper. publ.*, IV, 10. Car si les intérêts courent sans sommation à partir de l'échéance, c'est moins par application de la règle *dies interpellat pro homine* que par une dérogation au principe contraire, dérogation fondée sur les circonstances et sur la nature du terme accordé par le président de la province (1).

Enfin, la décision contenue dans la loi 114, *Verb. Obl.*, ne fournit aucune objection sérieuse contre l'opinion que nous avons développée plus haut; car Ulpien s'occupe d'un débiteur à terme qui retarde l'exécution, qui cause un dommage au créancier par un fait qui lui est imputable à faute : *et per promissorem steterit, quominus...* On s'explique ainsi la responsabilité qu'il encourt et qu'il eût encourue avant toute interpellation, si l'obligation avait été pure et simple.

En résumé, nous pensons que, ni à l'époque classique, ni même sous Justinien, la règle *dies interpellat pro homine* n'a pas été appliquée d'une manière générale (2). Peut-être cependant faudrait-il reconnaître que, dans ses constitutions, Justinien tend à

---

(1) 47, § 5, *de l'usuris...* XXII, 1 ; Cf. loi 16, pr. eod titu.

(2) En sens contraire, Doneau, a t titul. *Mora*, n° 13, *et passim.* Voet, *Pandectes*, sur le liv. XXII, tit. 1, n° 20. Auteurs cités par Molitor, § 318 et seq. M. Ortolan, *Instit.*, n° 1637.

s'en rapprocher. Cette tendance apparaît dans les motifs de la loi 12 déjà citée (*cont. et com. stip.*), et dans une autre constitution (1) qui renvoie à cette loi pour autoriser le *dominus* à faire déguerpir sans interpellation l'emphytéote qui, pendant trois ans, n'a pas payé le canon. Cette décision toutefois ne peut-elle pas s'expliquer autrement que par une application de la règle *dies interpellat pro homine?* Ne peut-on pas dire, en effet, que le non-payement pendant trois ans est une sorte de condition à laquelle est subordonnée la résolution du droit du preneur, et qui se trouve accomplie en l'absence de toute interpellation? Quoi qu'il en soit, cette décision spéciale, pas plus que celle de la loi 12, ne me paraît suffisante pour détruire cette règle, qui, pour n'être consacrée expressément par aucun texte, n'en est pas moins conforme aux principes du droit et à l'équité : La seule échéance du terme ne constitue pas le débiteur en demeure.

— Quelle que soit l'opinion que l'on adopte sur la question qui précède, ce qu'il y a de certain, c'est qu'à l'arrivée du terme le créancier peut agir valablement contre le débiteur. Mais rien ne l'y force ; il peut attendre et lui accorder un nouveau délai. Cette prorogation de terme expresse ou tacite ne libère pas le fidéjusseur proprement dit, qui reste toujours exposé à l'action du créancier, et n'a pas d'exception pour la repousser, lors même que le débiteur principal deviendrait insolvable. Nous ne trouvons pas,

(1) 2. Code, *Jure emphyteu*, IV, 16.

commo dans notre droit, uno disposition spéciale consacrant expressément cetto décision. Muis elle a été appliquée à uno hypothèso dans laquelle le fldéjusseur aurait obtenu une exception, si les règles de la fldéjussion ne s'y étaient pas opposées (1). Il s'agit d'un fldéjusseur qui, à l'échéance, invite le créancier à poursuivre le débiteur principal, dans la crainte qu'il ne devienne plus tard insolvable. Si, malgré cetto invitation, le créancier s'abstient d'agir et laisse arriver l'insolvabilité du débiteur, le fldéjusseur poursuivi ne peut lui reprocher son *inaction* et en tirer une exception de dol. Le motif de cetto solution est que le créancier est libre de choisir le moment de la poursuite contre le débiteur principal, et qu'aucune sollicitation de la part du fldéjusseur ne peut le contraindre à agir. Contre la décision que nous avons donnée touchant les effets de la prorogation de terme, il ne faudrait pas voir une objection dans la loi 7, Cod. *loc. et cond.* (IV, 45). Car, lorsque l'empereur Alexandre Sévère déclaro que le fldéjusseur n'est plus obligé pour un temps postérieur (*posterioris temporis....*), il songe à la *prorogation* de l'obligation, et non à la prorogation de terme, il applique cette idée que le fldéjusseur no garantit plus l'obligation du locataire renouvelée par l'effet de la reconduction.

Si l'*adpromissor*, au lieu d'être un fldéjusseur ordinaire, est ce que les interprètes ont appelé un *fidejussor indemnitatis*, les conséquences de la prorogation de terme à son égard peuvent être différentes. Car

<hr>

(1) 62, Dig., XLVI, 1.

il s'est engagé à payer ce que le créancier ne pourra obtenir du débiteur à l'échéance ; le montant de son obligation est fixé alors ; il ne peut être poursuivi qu'après la discussion des biens du débiteur (1). Si donc le créancier retarde cette discussion, s'il proroge le terme, on comprend que le fidéjusseur poursuivi pour la totalité de la dette, puisse lui répondre : « Je m'étais engagé à vous payer ce que vous ne pourriez obtenir du débiteur au jour fixé ; vous auriez dû agir contre lui à cette époque pour que je sache à quoi m'en tenir sur l'étendue de mon obligation ; si vous l'aviez fait, vous auriez obtenu quelque chose, puisque le débiteur n'était pas encore insolvable, et vous ne m'auriez pas réclamé la totalité de la dette ; votre négligence ou votre bienveillance pour lui ne doit pas aggraver ma position, et je vous refuse le payement de ce que vous me demandez. » Toutefois, ce refus ne sera pas toujours admis par le juge, qui pourra, suivant les circonstances, forcer le fidéjusseur à payer. Telle est la solution qui est rapportée par Modestin, pour le cas où le créancier est resté dans l'inaction (*cessavit*) (2), et qu'on doit nécessairement étendre au cas où il a accordé un nouveau terme au débiteur.

Cette différence que nous venons de signaler entre le fidéjusseur ordinaire et le fidéjusseur *indemnitatis*, a-t-elle toujours été maintenue ? La raison de douter

(1) L. 116, *Verb. oblig.*, XLV, 1 ; qui prouve que c'est l'opinion qui a prévalu.

(2) 41, Dig., *de Fidej. et mand.*, XLVI, 1 ; Cujas traduit, *temere*, par *nisi causa cognita*.

vient de la novelle 4, cap. 1, que l'on a considérée
comme assimilant au point de vue qui nous occupe,
tous les débiteurs accessoires. Justinien, dans ce
texte, consacre le bénéfice de discussion, et décide
que le créancier ne pourra exiger du fidéjusseur que
ce qu'il n'aura pu obtenir du débiteur principal : d'où
l'on a conclu qu'il ne pourrait lui demander ce que
lui aurait payé ce dernier s'il avait agi contre lui, au
lieu d'attendre et de lui accorder un nouveau terme.
Un interprète (1) a même été jusqu'à dire « que par
l'application du bénéfice de discussion, le cautionnement avait acquis un caractère synallagmatique, et
que le créancier était devenu responsable de tout acte
et omission qui auraient pour effet de priver la caution de l'avantage que devait lui procurer le bénéfice
de discussion ». En adoptant cette interprétation de
la novelle 4, on serait amené à décider que, quand
l'insolvabilité du débiteur survenue après la prorogation de terme, a rendu la discussion impossible, le
créancier a manqué à son engagement, et que le fidéjusseur a le droit de refuser le payement en opposant
une exception de dol. Telle n'est pas l'opinion à laquelle nous croyons devoir nous ranger ; nous sommes
plus disposé à penser que la nov. 4 n'a pas eu pour
but d'assimiler le fidéjusseur ordinaire au fidéjusseur
indemnitatis à tous les points de vue. Car Justinien
ne dit pas que le premier, comme le second, doit ce
qu'il a promis sous cette condition, si le créancier
ne peut l'obtenir du débiteur principal, il le déclare

(1) Maynx, *Cours de droit romain*, § 315, nos 15 et 21; Cf.
M. Pellat, *Textes choisis*, p. 170.

simplement *tenu* comme autrefois; seulement il lui accorde ce bénéfice de ne pouvoir être actionné *efficacement* par le créancier avant qu'il n'ait poursuivi le débiteur et n'ait discuté ses biens. C'est pourquoi quand le créancier agit ainsi, il se conforme à la disposition de la novelle; mais on ne peut exiger de lui qu'à une certaine époque, il intente son action contre le débiteur, lorsque la forme de la stipulation indique qu'il s'est réservé la faculté de choisir le moment de la poursuite. D'ailleurs, la disposition exceptionnelle que nous avons trouvée pour le fidéjusseur *indemnitatis* (loi 41 précitée), est très-dure pour le débiteur principal et le créancier, puisqu'elle empêche celui-ci d'accorder des délais; et cette considération est une raison de plus pour croire qu'elle n'a pas été généralisée.

Si nous supposons que le débiteur accessoire est un *mandator credendæ pecuniæ*, quel sera l'effet de la prorogation de terme à son égard? Pour répondre à cette question, il faudrait peut-être distinguer, suivant que le *mandator* a ou non stipulé lui-même un terme pour la restitution. Dans le premier cas, lorsqu'il aura dit par exemple : « Je vous donne mandat de prêter à Primus jusqu'aux calendes, » la prorogation de terme ne doit pas lui nuire, en ce sens que si le débiteur devient insolvable après l'échéance, il ne sera pas tenu de rembourser à sa place : poursuivi par le prêteur, il aura pour repousser son action une exception fondée sur ce que celui-ci n'a pas exécuté le mandat.

Quand, au contraire, le *mandator* a simplement

dit : « Je vous donne mandat de prêter à Primus, » l'action du prêteur peut être intentée valablement contre lui malgré l'insolvabilité du débiteur survenue après l'échéance. Car le *mandator* ne peut prétendre qu'il n'y a pas eu exécution du mandat ; en ne fixant pas de terme, il a accepté d'avance les conditions sous lesquelles le prêt sera fait, et de même que le prêteur pouvait accorder un terme plus long, de même il peut le proroger pourvu qu'il n'y ait ni faute, ni mauvaise foi de sa part. Si, contre cette solution, on oppose la loi 95, § 11, Dig., XLVI, III, dans laquelle on voit le créancier privé d'une action *mandati* efficace contre le mandant, nous répondrons que ce texte prévoit le cas où le prêteur, ayant par sa faute perdu son action contre le débiteur, s'est mis dans l'impossibilité de la céder au mandant, et qu'il est étranger à l'hypothèse sur laquelle nous raisonnons, puisque le mandataire peut n'avoir aucune faute à se reprocher.

Les débiteurs accessoires ont différents moyens d'empêcher que les conséquences de la prorogation de terme ne rejaillissent sur eux : ils peuvent, lorsque le créancier s'abstient d'agir à l'échéance, le désintéresser, et recourir contre le débiteur soit par les actions qui leur sont propres, soit par l'action du créancier qu'ils se sont fait céder. Ils peuvent aussi contraindre le débiteur à payer, lorsqu'ils prouvent qu'il dissipe ses biens ; telle est au moins la solution qui paraît résulter d'un rescrit de Dioclétien et Maximien (1).

(1) L. 10, Code, *Mandati vel...*, IV, 35.

Si, à l'échéance du terme, le débiteur n'exécute pas l'obligation, et s'il est poursuivi par le créancier, le juge le condamnera à une somme d'argent. Le terme alors aura une certaine influence sur la fixation de la condamnation. Le juge doit tenir compte de la valeur qu'avait la chose qui forme l'objet du contrat au moment de l'échéance du terme, au jour où le créancier pouvait agir : *Quotiens in diem... Oleum quis stipulatur, ejus æstimationem eo tempore spectari oportet, quo dies obligationis venit, tunc enim ab eo peti potest; alioquin (alias) rei captio erit* (1). S'il en était autrement, le débiteur serait tenu de fournir plus qu'il n'a promis; il serait lésé quelquefois (*captio rei*). Cette solution n'est pas en opposition avec celle que nous trouvons dans la loi 22. (Dig., *Oblig. et Act.*, XLIV, 7.) Cependant, si l'on traduisait littéralement ce texte, on arriverait à dire que le créancier peut obtenir d'un fidéjusseur une condamnation supérieure à la valeur de la chose lors de l'échéance. Mais cette décision violerait la règle de la fidéjussion, d'après laquelle le fidéjusseur ne doit pas être tenu à plus que le débiteur principal; car la chose peut avoir une plus grande valeur le jour où le fidéjusseur s'est obligé, qu'au moment où l'échéance arrive. Aussi a-t-on proposé plusieurs explications des mots *quo satis acceperit;* la meilleure selon nous est celle qui consiste à dire que la loi 11 prévoit le cas où le fidéjusseur a été donné à l'échéance

(1) L. 89, Dig., *Verb. oblig.* XLV, 1. Cujas traduit *alias* par *alio tempore;* adde loi 22, Reb. cred., XII, 1; 1. Dig., *Cond. trit.* XIII, 3 et 11, Re jud. XLII, 1.

par le débiteur qui ne pouvait satisfaire le créancier.

Molitor (1) restreint aux *judiciis stricti juris* l'obligation pour le juge de se placer au jour de l'échéance pour estimer l'objet de l'obligation. Il invoque à l'appui de son opinion cette idée, que, dans les actions de bonne foi, l'objet de la demande est un *incertum*, une quantité que le juge doit déterminer. Nous ne nions pas que le juge n'ait, dans les actions de bonne foi, un pouvoir d'appréciation plus étendu qui lui permet de tenir compte des variations de la chose jusqu'au jugement (2). Mais, en tout cas, il doit se conformer à la bonne foi : or, ne s'oppose-t-elle pas à ce qu'il condamne le débiteur à fournir une valeur représentative de la chose à une époque où elle ne pourrait être exigée. Aussi serions-nous tenté de ne pas admettre la restriction proposée au moins pour les obligations de genre ; car en réalité ce qui est dû, c'est l'objet au jour de l'échéance (3). Pour contrebalancer l'autorité de Molitor, nous pourrions peut-être invoquer celle de de Savigny qui a écrit (4) :

« Lorsque le contrat fixe l'époque de l'exécution, par là se trouve déterminée l'époque à laquelle le créancier compte sur cette exécution et y est intéressé, et par là aussi se trouve exclue l'*indétermination* de volonté. »

(1) *Obligat.*, n° 302, 2°.

(2) L. 3, § 2, *Commodat*, XIII, 6, et la loi 3, § 3, Dig., *Act. empti*, XIX, 1.

(3) Cf. Cujas, ad leg. 53, lettre E ; Doneau, ad leg. 22, n° 6, 17, 23 et seq ; 29 et seq. où l'interprète applique la règle *dies interpellat....*

(4) *Des syst.*, § 265, t. VI, p. 209, let. *d*.

Outre l'objet sur lequel porte directement le rapport
uridique affecté d'un terme, le débiteur doit quelquefois fournir autre chose. Dans la vente, par
exemple, l'acheteur, débiteur à terme du prix, est
tenu, si la chose vendue et livrée produit des fruits,
de payer des intérêts au vendeur, parce qu'autrement
il profiterait des fruits et des intérêts, ce qui serait
contraire à l'équité. Remarquons toutefois que ces
intérêts ne peuvent former l'objet d'une demande
principale, parce qu'ils ne sont pas, à vrai dire, compris dans l'obligation de l'acheteur (1).

Molitor (2) propose de distinguer, suivant que le
terme est fixé au moment du contrat, ou qu'il est accordé après la fixation du prix. Dans le premier cas,
dit-il, l'acheteur est censé l'avoir payé, et le vendeur
a dû le prendre en considération lorsqu'il a fixé le
prix; les intérêts ne doivent donc courir qu'à partir
de l'échéance, parce que c'est alors seulement que
l'acheteur jouit gratuitement de la chose et du prix.

Dans le second cas, au contraire, le terme accordé
par le vendeur est une sorte de terme de grâce qui ne
doit pas arrêter le cours des intérêts à partir de la
livraison de la chose. Car alors, si le vendeur renonce
au payement actuel du prix, il ne renonce pas aux
intérêts. Malgré l'apparence équitable de cette distinction, nous ne pensons pas qu'elle ait jamais été
admise en droit romain, parce que les textes où il est
question de l'obligation pour l'acheteur de payer les

(1) L. 19, § 1, *Act. emp.*, XIX, 1.
(2) *Loc. cit.*, n° 107.

intérêts du prix comme compensation des fruits n'y font aucune allusion (1).

De son côté, le vendeur à terme ne doit pas restituer les fruits par lui perçus jusqu'à l'échéance : car, en stipulant un terme pour la livraison, il avait entendu se réserver la jouissance de la chose jusqu'à l'époque fixée.

Lorsqu'un héritier est grevé d'un fidéicommis, il doit en principe conserver les fruits qu'il perçoit avant le terme fixé pour la restitution : *Nam fructus qui medio tempore percepti sunt, ex judicio testantis percepti videntur* (2). Mais, par exception, il est tenu de les rendre lorsque le terme est apposé dans l'intérêt du fidéicommissaire, comme dans la loi 3, § 8 (*Usuris*, XXII, 1, Dig.).

SECTION II.

Du terme extinctif.

L'obligation ne peut être affectée d'un terme extinctif dont l'arrivée mettra fin au rapport de droit. Elle subsiste *jure civili*, sanctionnée par une action, que le préteur paralysait par une exception accordée au débiteur : *Placet etiam ad tempus obligationem constitui non posse, non magis quam legatum..... plane post tempus stipulator vel pacti conventi, vel*

(1) 13, § 20, *Act. emp.*, XIX, 1, et § 2, *Frag. vat.*
(2) 22, § 2, *ad sen. Treb.*, XXXVI, 1, et 18, *ann. leg.* Dig., XXXIII, 1.

doit mali exceptione summoveri poterit (1). Le motif de cette décision est donné par la même loi : *Nam quod alicui deberi cœpit, certis modis desinit deberi.* Les obligations, quelle qu'en soit la cause, ne peuvent être éteintes que par un des modes déterminés par le droit, comme le payement, la novation, l'acceptilation et le mutuel dissentiment lorsque le contrat est consensuel. Or, au nombre de ces moyens ne se trouve pas le *dies*, et la volonté des parties ne peut faire qu'il produise les mêmes effets.

On pourrait croire, d'après ce qui précède, que l'obligation née d'un contrat consensuel est éteinte par la seule échéance du terme. Mais cette proposition ne serait pas très-exacte ; ce qu'il faut dire, c'est que le contrat qui, de sa nature, peut être fait pour une certaine durée, prend fin à l'époque fixée, que la cause de l'obligation disparaissant, l'obligation disparaît. Cela s'explique par la dissolution du contrat *mutuo dissensu*. Si l'on objecte que le mutuel dissentiment ne produit ce résultat que *rebus adhuc integris*, nous répondrons que cette idée peut être vraie quand le pacte intervient *ex intervallo*, mais lorsqu'il est fait *ex continenti*, on comprend qu'il ait plus d'effet. Ainsi, lorsqu'un bail est fait pour un certain temps, le contrat primitif disparaît à l'expiration de ce temps ; le locateur peut reprendre sa chose, le locataire l'abandonner. Seulement, si elle est laissée au locataire, un nouveau contrat prend naissance (*ex integro locare*) pourvu qu'il n'y ait pas d'obstacle à sa forma-

(1) 44, § 4, Dig., *Obl. et act.*, XLIV, 7; 56, § 4, *Verb. oblig.*, Dig., et 55, *de legatis*, 4, XXX.

tion par suite d'une modification dans la capacité des parties (1).

L'effet du terme extinctif dans la société est de rendre aux parties leur liberté pleine et entière, et de leur permettre de renoncer à la société sans motif grave (2).

Nous avons un exemple remarquable de cette perpétuité de l'obligation à terme dans le paragraphe III des *Institutes*, *Verb. oblig.*, liv. III, tit. XV. Il s'agit d'un terme incertain qui est la mort du créancier, et d'une obligation consistant dans des prestations annuelles et que dans notre droit on appelle rente viagère. D'après ce que nous avons dit sur l'effet du terme extinctif elle ne doit pas s'éteindre par la mort du créancier; elle lui survit, et ses héritiers peuvent intenter l'action qui résulte de la stipulation; le débiteur pour combattre leur prétention doit avoir recours à l'exception *pacti conventi* ou *doli mali* (3). On considère la modalité *quoad vivam*, comme une sorte de pacte adjoint *in continenti* qui ne suffit pas pour éteindre les obligations dans les contrats de droit strict, mais fournit seulement une exception.

Il n'est pas sans intérêt de comparer la stipulation et le legs d'une rente viagère. Dans ce dernier la mort du légataire met fin à l'obligation du débiteur de la rente; les héritiers du créancier ne peuvent pas agir contre lui, tandis que le contraire a lieu dans la stipulation *quoad vivam*. Cette différence tient à la

---

(1) L. 11, § 13, et l. 14, *loc. et cond.*, XIX, 2.
(2) L. 65, § 6, Dig., *Pro soc.*, XVII, 2.
(3) L. 38, § 4, Dig., *Verb. oblig.*

nature même de ces deux actes : la stipulation d'une
annuité fait naître une obligation unique (1), se com-
posant de prestations périodiques, et qui une fois
formée ne peut périr par la mort du créancier, qui
n'est pas une cause civile d'extinction? Le legs au
contraire se décompose en autant de legs partiels,
de créances distinctes qu'il y a d'années dans la vie
du légataire (2) ; on considère pour chacun d'eux sa
capacité au commencement de chaque année ; le *dies
cedens* a lieu à la même époque (3), *ab initio cujus-
que anni*. Le premier de ces legs est pur et simple
et les autres conditionnels : *plura esse legata Sabinus ait, et primi anni purum, sequentium conditio-
nale* (4)... On peut sous-entendre que le testateur les
a soumis à cette condition, si le légataire vit encore,
et en conclure que si elle n'est pas accomplie ils
seront déclarés caducs et ne produiront aucun effet.
Tel est le raisonnement que faisait Sabinus (loi précitée) et qui conduit à prononcer la caducité des
legs postérieurs à la mort du légataire, puisque
la condition nécessaire à leur validité n'est pas accomplie. Il y a alors un obstacle à la naissance de
nouveaux legs, plutôt qu'une extinction de legs déjà
nés.

Pour résumer leurs idées sur l'obligation résultant
de la stipulation d'une annuité, les jurisconsultes
romains disent qu'elle est *una, perpetua et incerta*

(1) 16, § 1, cod.
(2) 10, 11, *Quando dies leg.*, XXXVI, 2.
(3) 12, § 1, Dig., cod.
(4) 4, *Annuis legat.*, XXXIII, 1.

(loi 16 précitée). Elle est sanctionnée par une *condictio incerti* ou *actio ex stipulatu*, et son unité fait que si le créancier agit pour obtenir le payement de la première année, il déduit en justice toute l'obligation, et épuise son droit, bien qu'on ne lui paye que les termes échus. Quand il voulait conserver son action pour les *futuræ obligationis præstationes*, il devait avoir recours à la *præscriptio ea res agatur cujus rei dies fuit* (1). Il en est autrement dans le legs d'une annuité : l'obligation qu'il produit n'étant ni *una* ni *incerta*, l'action est la *condictio certi*, à moins que les arrérages ne consistent en des choses non suffisamment déterminées quant à leur qualité ou quantité : dans ce cas le créancier agit par la *condictio incerti;* mais quelle que soit l'action, elle ne porte jamais sur la totalité du droit.

Pourquoi cette différence entre le legs et la stipulation d'une annuité? pourquoi n'a-t-on pas vu dans l'un comme dans l'autre une série d'obligations soumises à la même condition? Cela tient probablement à ce que les effets d'une stipulation sont déterminés strictement d'après sa forme. Or, lorsqu'elle est unique et embrasse une durée de temps déterminée ou non (*quoad vivam*, ou *usque ad decem annos*), on ne pouvait décomposer l'obligation qu'elle produit sans sortir des termes de la stipulation, et sans violer le principe d'après lequel la stipulation, étant un contrat de droit strict, n'oblige qu'à ce qu'elle contient. Le legs, au contraire, comporte une interprétation

(1) Gaius, IV° com., § 131.

plus large, et rien ne s'oppose à ce qu'on le décompose dans l'intérêt de l'héritier et pour se rapprocher
davantage de la volonté du testateur. Ce qui prouve
que telle a été la pensée des jurisconsultes, c'est que,
dans le cas où une annuité a été stipulée pour une
première, deuxième et troisième année, ils ont vu,
après discussion, trois créances dans cette stipulation,
parce qu'en présence de cette clause expresse éma-
née des parties, ils se sont crus suffisamment autorisés
à décomposer l'obligation. Ils assimilent alors la stipulation au legs conçu dans les mêmes termes (1).

Lorsqu'une rente est léguée pour plusieurs années,
les effets sont différents suivant que le testateur a
voulu donner une pension alimentaire, ou seulement
une certaine somme divisée en plusieurs termes (*exo-
nerandi heredis gratia*). Dans le premier cas, le legs
est considéré comme contenant une rente viagère qui
s'éteint par la mort du légataire; dans le second, il y
a un legs d'une chose unique, dont le bénéfice est
acquis au légataire et passe à ses héritiers (2) (*dies
semel cedit, dies venit pluries*); il n'y a qu'un *dies
cedit* pour un pareil legs, mais autant de *dies venit*
que d'années. Il va sans dire que ces années étant
écoulées, le légataire n'a plus aucun droit, et que l'héritier n'a pas besoin, pour repousser sa demande,
d'invoquer une exception, comme dans le legs ainsi
conçu : *Decem usque ad calendas do, lego.*

Quand le créancier ou légataire d'une rente viagère meurt au cours d'une année, ses héritiers ont-ils

(1) 140, § 1, *Verb. oblig.*, XLV, 1 ; et 3 pr., *Ann. leg.*, XXXIII, 1.
(2) 20, Dig., *Quando dies*, XXXVI, 2.

droit à toute l'annuité, ou seulement à la portion correspondante à la partie de l'année pendant laquelle il a vécu? Lorsqu'il s'agit d'un legs, les principes conduisent à leur donner toute l'annuité; car le legs, ainsi que nous l'avons fait observer, se décompose en plusieurs legs partiels; le *dies cedit* de chacun arrive au commencement de chaque année. Il suffit qu'à cette époque le légataire soit vivant pour qu'il acquière le droit au legs, et le transmette à ses héritiers. Cette solution est rapportée dans deux lois du Digeste (1), qui visent l'une un legs de rente viagère, l'autre un legs de rente annuelle. Mais si l'annuité résulte d'une stipulation, qu'arrivera-t-il? Cette question nous a paru d'autant plus difficile à résoudre que, d'une part, l'on n'avait pas, comme dans les legs, la faculté de décomposer l'obligation en plusieurs obligations partielles dont chacune prendrait naissance au commencement de chaque année; et que d'autre part les héritiers sembleraient agir contre la convention et s'exposer à l'exception *pacti conventi* en demandant une portion des arrérages, correspondante à la partie de l'année qui a suivi la mort du créancier. Malgré ces raisons de douter, nous serions assez disposé à croire qu'ils ont droit à toute l'annuité, et que l'exception qu'on peut leur opposer ne correspond pas à une portion d'année (2).

(1) 5 et 22, Dig., *Ann. leg.*, XXXIII, 1; Cf. 1, Cod. *quando dies*, VI, 53.

(2) Peut-être trouverait-on une considération à l'appui de cette opinion dans les lois 23, § 3 et 26, *de l'usuf.*, et 18, § 3, *stipul. serv.*, XLV, 3, Dig.

CHAPITRE V

DU TERME DANS LA TRANSLATION DE PROPRIÉTÉ ET LES CONSTITUTIONS DE DROITS RÉELS, USUFRUIT ET SERVITUDES.

———

SECTION I.

Terme suspensif.

I. *Translation de propriété.* — Sur ce premier point, nous avons peu de chose à ajouter à ce que nous avons dit en étudiant la loi 77, *Reg. juris.* Nous rappellerons seulement que si le mode employé pour transférer la propriété est ou la *cession in jure*, ou la *mancipatio*, le terme ajouté à l'acte en entraîne la nullité(1). Quand, au contraire, elle a lieu par tradition ou par legs, elle peut être affectée d'un terme. La propriété n'est alors transférée qu'à l'échéance ; jusqu'à cette époque, elle réside sur la tête de celui à qui elle appartenait au moment où l'acte translatif

(1) Il n'en eût pas été de même si le terme avait été stipulé dans un pacte ajouté à l'acte. Arg., loi 48, *de Pact.*, Dig., II, 14, dans laquelle les mots *mancipationibus, cessionibus….* devaient se trouver.

est intervenu. Cette idée se trouve confirmée pour le legs de propriété *ex die* (1) dans la loi 9, § 2 (Dig., *L'usuf. quem*, VII, 0), *quia certum sit ad eum proprietatem vel heredem ejus perventuram*. Dans la pensée du juris-consulte, la propriété ne passe pas au légataire avant l'arrivée du terme ; car si elle lui avait été transférée lors du *dies cedens*, il ne dirait pas qu'elle lui par-viendra : *ad eum... perventuram*. Néanmoins, le droit à la propriété est acquis au légataire par l'effet du *dies cedit;* il est transmissible à ses héritiers, et si le légataire est une personne *alieni juris*, la chose léguée à terme appartiendra à celui sous la puissance duquel il se trouve à l'époque de la *diei cessio*.

II. *L'usufruit*. — L'usufruit pouvait être établi de différentes manières, directement ou indirectement, par voie de constitution ou de déduction. La consti-tution était possible par cession *in jure*, par legs et par adjudication dans un *judicium legitimum* (2). La déduction était permise dans ces différents actes et même dans la mancipation. Quant à la tradition, elle ne pouvait servir, au moins dans le droit ancien, à éta-blir l'usufruit par voie de constitution ou de déduc-tion (3). Sous Justinien les règles ne sont plus les mêmes ; l'usufruit peut être constitué ou déduit par la tradition ; certains interprètes pensent même que la constitution était valablement faite par des pactes et stipulations.

(1) Cf. l. 35, *de l'su et l'suf. leg.*, Dig., XXXIII, 2.
(2) Rendu à Rome ou à 1 mille de Rome entre citoyens romains par un seul juge romain. (Gaius, com. IV, § 104.)
(3) § 17, *Frag. Vat.*

Après avoir rappelé ces notions générales sur l'établissement de l'usufruit, voyons dans quels cas l'addition d'un terme est possible. Quand il s'agit de la constitution d'usufruit le terme peut généralement être ajouté pour retarder la naissance du droit (1). Il n'y a pas de difficulté lorsque le mode employé est le legs (2) : *Ex certo tempore legari potest.* Il n'en était pas de même lorsque l'usufruit était constitué par cession *in jure*, ou par adjudication : *an in jure cedi, vel an adjudicari possit, variatur* (3). Des jurisconsultes soutenaient qu'un terme ne pouvait être ajouté à cette constitution ; ils donnaient pour raison qu'une action de la loi n'est pas accordée pour un droit futur, ou, en d'autres termes, que, dans l'*in jure cessio*, qui reproduit la *legis actio sacramenti*, l'usufruitier doit affirmer qu'il a le droit actuellement et non pas qu'il l'aura à une certaine époque. Pour justifier la prohibition du terme dans l'adjudication, on pourrait peut-être dire que, le juge devant faire cesser l'indivision, il devait régler les droits actuellement et dès à présent. D'ailleurs, nous ne trouvons des traces de la controverse qu'en ce qui touche la constitution par adjudication. Ulpien décide, en effet, que l'usufruit peut être établi *ex die* par le juge, et *ex certo tempore..... adjudicari potest* (4), tandis que Paul sem-

(1) L. 4, Dig., *de l'suf.* VII, 1.
(2) Il est bon de rappeler que dans ce legs le *dies cedit* n'a lieu qu'à l'échéance du terme, et qu'en agissant avant le légataire n'a pas à craindre la *plus petitio tempore*, puisqu'il ne déduit rien en justice (l. 4, § 3 et 4, *Quando dies usuf.*, VII, 3, Dig.).
(3) 16, § 2, *Fam. ercis.*, Dig., X, 2.
(4) § 49, *Fr. Vat.*

ble admettre l'opinion contraire. Pour expliquer les doutes sur ce point, on dit généralement que, suivant les circonstances, il pouvait être très-intéressant pour l'égalité des lots de reculer la naissance du droit.

Sous Justinien, l'admission d'un terme est possible dans la constitution d'usufruit, soit qu'on admette, avec certains interprètes, qu'il peut être constitué par pactes et stipulations, soit qu'on exige en outre la quasi-tradition (1).

Quant à la *deductio ususfructus*, ne peut-elle jamais avoir lieu à terme? ou faut-il reproduire la distinction que nous avons faite entre les legs et les autres modes de constitution? Les textes sont loin d'être clairs sur ce point : Paul pose la question dans le § 50, *Fr. Vat.*, et, la restreignant à la déduction *in mancipatione, vel in jure cessione*, il exprime qu'il y avait des doutes; puis, après avoir résolu la question relative à la *deductio ad tempus*, il revient à celle qu'il avait posée sur la *deductio ex tempore* et qu'il aurait dû résoudre d'abord. Seulement, bien qu'il semble la poser d'une façon plus large, *numquid et ex tempore..... deduci possit*, il est probable que sa pensée ne portait pas plus alors sur la *deductio* par legs que dans le commencement du passage. Il en résulte que la question, qui s'élevait sur la *deductio ex die certo* dans une *mancipatio* ou une *cessio in jure*, et que Paul n'a pas tranchée, n'existait probablement pas en ce qui touche les legs, et que tous les

(1) Cf. M. Pellat, sur le tit. *Ref. vend.*, Introduction, nᵒˢ 66 et 67.

jurisconsultes admettaient la possibilité de déduire *ex die* dans un legs un droit d'usufruit. D'ailleurs, il n'y avait pas les mêmes raisons de douter que pour le cas où il s'agit d'une déduction *in mancipatione*, puisque les modalités étaient toujours plus facilement admises dans les testaments.

Mais en ce qui touche la *deductio ex die in mancipatione*, la question reste entière et n'est pas résolue par Paul. D'où pouvait venir le doute? Il me paraît difficile de l'expliquer, parce que la modalité en apparence ne porte pas sur l'acte, mais sur le droit et que rien dans la nature de l'usufruit ne s'oppose à ce que le commencement de sa durée soit marqué par un terme. Cependant ne peut-on pas trouver la raison de douter dans l'analyse approfondie de l'acte? Nous avons dit que la nature de la mancipation voulait que les droits qui en font l'objet fussent actuels et certains, qu'il n'y eût aucune incertitude dans l'affirmation de celui qui agissait. Or, à proprement parler dans la mancipation : *hunc esse hominem meum aio, deducto usufructu ex calendis*, l'affirmation ne réunit pas les caractères exigés. Car, suivant que la personne au profit de laquelle l'usufruit sera déduit sera morte ou vivra lors de l'échéance, la mancipation aura porté définitivement sur la pleine propriété ou seulement sur la nue propriété. Le terme modifie donc indirectement l'objet de la mancipation, et cela a pu paraître suffisant pour en empêcher le maintien (1). Quelle que soit la difficulté que l'on éprouve pour expliquer

(1) Cf. l'explication donnée par M. Bufnoir en ce qui touche la *deductio sub conditione*. Théorie de la cond., p. 179.

le doute auquel Paul fait allusion, il n'en faut pas moins reconnaître qu'il existait et que le jurisconsulte ne le tranche pas dans le § 50 tel qu'il nous est parvenu. Peut-être le tranchait-il dans le sens de l'affirmative, peut-être appliquait-il le principe auquel il fait allusion dans la *deductio ususfructus ad diem* et qui est reproduit dans la loi 48 *de Pactis;* nous ne pouvons rien affirmer, nous sommes réduit à des conjectures sur ce point très-délicat (1).

III. *Servitudes.* — Les servitudes pouvaient être constituées par legs, par cession *in jure*, par adjudication (2), par mancipation quand elles étaient prédiales rustiques, et sous Justinien par pactes et stipulations avec ou sans tradition suivant les interprètes. Elles pouvaient aussi être établies par voie de déduction comme l'usufruit. Voyons quel sera l'effet du terme dans ces différentes constitutions.

Il va sans dire que si le mode employé est ou la cession *in jure* ou la mancipation, le terme exprès entraîne la nullité de la constitution (3) (arg. loi 77, *Reg. juris*). Il en est autrement lorsque, la mancipation étant pure et simple, les parties conviennent par un pacte que la servitude n'existera qu'à partir d'une certaine époque. Dans ce cas elle prend naissance immédiatement, le propriétaire du fonds dominant peut intenter l'action confessoire, mais le propriétaire

(1) Notre savant maître M. Pellat, dans son *Cours sur l'usufruit,* incline à croire que Paul se prononçait pour l'affirmative.

(2) 29, § 3, *Jam ercis.,* Dig., X, 2.

(3) Il est à croire que la solution était la même lorsque la constitution à terme avait lieu par adjudication. Il n'y avait pas les mêmes raisons de douter que pour l'usufruit.

du fonds servant a pour le repousser l'*exceptio pacti conventi* ou *doli mali*.

Lorsque dans le mode employé pour constituer une servitude, il n'y a rien d'incompatible avec l'idée d'un terme, lorsque par exemple on l'établit par legs, l'héritier doit-il recourir à une exception, ou peut-il simplement nier l'existence de la servitude, quand le légataire intente l'action confessoire avant l'échéance du terme? Les interprètes ne sont pas d'accord sur la solution à donner à cette question d'ailleurs très-difficile à résoudre en présence d'un texte emprunté à Papinien, et dans lequel ce jurisconsulte décide que le terme ajouté à une constitution de servitude ne produit pas son effet *ipso jure*, mais seulement *exceptionis ope*. « *Servitutes ipso jure quidem neque ex tempore, neque ad tempus... constitui possunt, sed tamen si hæc adjiciatur pacti vel per doli exceptionem occurretur contra placita servitutem vindicanti. Idque et Sabinus respondisse Cassius retulit et sibi placere* (1). » Des interprètes soutiennent que la décision contenue dans cette loi s'applique à toutes les constitutions de servitudes, qu'elle est fondée non pas sur la nature de l'acte constitutif, mais sur le caractère de la servitude; ils en concluent que, quand elle est établie par legs, le propriétaire du fonds servant ne peut s'opposer à son exercice qu'*exceptionis ope*. Telle était déjà l'opinion de Doneau (2) qui écrivait : « *Ut quemadmodum ad tempus constituta nihilominus post tempus vindicari potest : sic constituta ex tempore*

<hr>

(1) L. 4, § 4, Dig., *de Servit.*, VIII, 4.

(2) Doneau, *de Jure civili*, lib. XI, cap. X, n° 6 et seq.

etiam ante tempus et statim vindicari possit : inutiliter si exceptio opponatur, sed tamen possit ipso jure. » Développant la doctrine qu'il croyait consacrée par Papinien, il donnait entre autres raisons celle-ci, que la servitude une fois constituée est acquise au fonds et non à la personne (1) ; qu'en cette qualité elle peut être revendiquée comme le fonds lui-même. Ce motif que nous invoquerons lorsque nous parlerons de la constitution *ad tempus* est surtout fondé sur l'idée de perpétuité de la servitude ; mais il n'est rien moins que probant dans la constitution *ex die ;* car pour que la servitude soit une qualité du fonds et perpétuelle comme lui, il faut qu'elle soit née ; et la question est précisément de savoir si sa naissance pouvait être retardée.

En faveur de cette interprétation, on a donné d'autres raisons : l'on a dit, par exemple, que la solution de la loi 4 sur la constitution *ex die certo* ne s'appliquerait jamais si l'inadmissibilité du terme n'était fondée que sur la nature de l'acte constitutif. Car, ainsi que nous l'avons fait remarquer, cet acte était complétement nul, et l'exception n'était pas nécessaire pour faire produire un effet au terme. Cette raison, spécieuse en apparence, demeure sans force si l'on songe que l'exception dont parle la loi 4 était quelquefois utile, bien que le mode employé ne fût pas susceptible de recevoir un terme ; il suffisait pour cela que, l'acte étant pur et simple, la modalité

---

(1) Cf. Cujas, ad leg. 4 : « Igitur si ex die sint constitutæ ipso jure statim existunt. » — M. Demangeat adopte cette interprétation (*Cours de droit rom.*, 1, 2ᵉ édit., p. 500, note 3).

fût ajoutée par un pacte : dans ce cas, le propriétaire du fonds servant avait besoin d'une exception pour repousser l'action confessoire.

Quant à la raison tirée du rapprochement des lois 4, *de Usufructu*, et 4, *de Servitutibus*, elle est d'autant moins probante que ces deux textes ne sont pas du même jurisconsulte. De ce que Paul, dans la loi 4, *de Usufructu*, parle de la possibilité d'établir un usufruit *ex die*, sans songer au mode de constitution, ce qui l'a amené à faire des distinctions, s'ensuit-il que Papinien ait eu la même pensée en écrivant le paragraphe de ces questions qui forme la loi 4, *de Servitutibus*? Nous ne le croyons pas, et nous trouvons dans le texte lui-même une preuve que son auteur n'avait pas en vue tous les modes de constitution, et en particulier le legs. Car, lorsque la servitude est établie *ex die* par le legs, et que le légataire la réclame avant l'échéance du terme, on ne peut dire qu'il la réclame *contra placita*, et que l'exception qu'on lui oppose est l'exception *pacti conventi*. Nous ajouterons enfin que nous ne voyons rien dans la nature de la servitude qui s'oppose à ce que le commencement de sa durée soit retardé *ipso jure* par un terme.

Cette interprétation est d'ailleurs corroborée au moins en ce qui touche la condition par une loi du Digeste (1). Il résulte de ce texte que le legs conditionnel d'une servitude produit son effet *ipso jure*; car, s'il en était autrement, les legs faits à deux co-

(1) 3, *de Serv. leg.*, XXXIII, 3. Voy. l'expl. de M. Lafnoir, *Condition*, p. 226 et seq., et surtout le n° 4.

propriétaires, et dont l'un est soumis à une condition, seraient valables ; la nullité ne se comprend que si, par l'effet seul de la condition, l'ouverture du droit est suspendue ; elle s'explique par l'indivisibilité de la servitude. Or, si malgré la loi 4 *de servitutibus*, la servitude pouvait être constituée valablement *sub conditione;* si, en d'autres termes, l'apinien, pour prohiber la constitution d'une servitude *sub conditione*, ne s'attachait pas à la nature du droit, il ne devait pas plus s'y attacher lorsqu'il parlait du *dies*. Aussi croyons-nous que le terme ajouté à une constitution de servitude produisait son effet *ipso jure*, et que, pour repousser la demande de celui au profit duquel elle était établie, il n'était pas nécessaire d'avoir recours à une *exception* (1).

Ceci admis, dirons-nous que la servitude, quand elle était déduite dans une mancipation ou une cession *in jure*, pouvait être affectée d'un terme ? Il nous paraît difficile de nous prononcer sur cette question ; il est probable qu'il y avait les mêmes doutes que pour la déduction *ex die* de l'usufruit. Notre intention n'étant pas d'en parler, nous dirons seulement que, si l'impossibilité d'ajouter une modalité ne tenait pas à la nature du droit, le terme opposé à une déduction produisait son effet *ipso jure* lorsqu'elle était maintenue. Ainsi, quand la servitude était déduite *ex die* dans une tradition (2), cette déduction

<hr>

(1) Cette interprétation est admise par M. Pellat. Cf. sur les *Pandectes*. Comparaison des lois 4, *de l'usuf.*, et 4, *de Servit.* Voy. Savigny, *des Syst.*, § 127, b., note 1.

(2) L. 6, princ., Dig., *Com. præd.*, VIII, 4, dans laquelle on a

était validée par le préteur dans le droit classique, et le terme s'opposait *ipso jure* à la naissance de la servitude. L'effet du terme devait être le même sous Justinien, lorsqu'il était ajouté à la déduction *in traditione* ou à la constitution par pactes et stipulations avec ou sans tradition.

SECTION II.

Du terme extinctif dans la translation de la propriété, et les constitutions de droits réels.

I. *Propriété.* — Ainsi que nous l'avons déjà fait remarquer sur la loi 77, *Reg. juris;* ce n'est pas à la nature de l'acte, mais à la nature du droit qu'il faut s'attacher pour examiner si la propriété peut être transférée *ad diem*. Car, que l'on emploie la mancipation, la cession *in jure*, ou la tradition pour les choses *mancipi*, comme la modalité affecte seulement le droit, objet du rapport juridique, la disposition de la loi 77, *Reg. juris*, n'est pas applicable (Arg., § 48, *Fr. Vat.*).

Ainsi donc, abstraction faite du mode de translation, demandons-nous si la propriété peut être transférée *ad diem*, et quel sera l'effet du terme. Sur cette question, nous avons peu de documents; les textes

remplacé probablement *mancipationi* par *traditioni*, parce que sous Justinien il n'y avait plus de mancipation.

sont surtout nombreux pour la translation de propriété *ad conditionem*. Mais les décisions qu'ils contiennent, les idées qu'ils consacrent, peuvent s'appliquer au terme ; car la question est de savoir, qu'il s'agisse d'une condition ou d'un terme, si l'on peut, en transférant la propriété, limiter sa durée, de telle sorte qu'à l'arrivée du terme ou de la condition, elle ferait retour, *ipso jure*, à l'ancien propriétaire.

Dans le droit classique, l'opinion commune était que la propriété ne pouvait être transférée à temps. C'était là une conséquence de l'idée qu'en avaient les jurisconsultes ; ils la considéraient comme un droit absolu, perpétuel, susceptible d'être restreint seulement quant à son étendue. Transférée à une personne, elle lui était acquise pour toujours ; elle ne cessait entre ses mains que par son fait et par un acte de disposition, exercice absolu du droit, plutôt que son extinction. Mais elle ne pouvait, lors de cette translation, être limitée quant à sa durée de façon que l'acquéreur n'eût qu'une propriété intérimaire. Cette prohibition est incidemment consacrée par une constitution de Dioclétien et Maximien : *Quum ad proprietas transferi nequiverit* (1). Elle est rappelée dans une constitution de Justinien, que son texte ne permet pas de restreindre, comme on l'a proposé aux actes productifs d'obligations (2). Enfin, elle explique pourquoi, dans la donation à cause de mort résoluble, dans la vente soumise à une condition résolutoire (par l'*ad-*

(1) § 283, *Frag. Vat.*, const. de 286.

(2) 26, Code, *de leg.*, liv. VI, 37. Cf. Doneau, com. sur cette loi, n° 2, et M. Bufnoir, p. 172, note 3.

dictio in diem, ou la *lex commissoria*), le donateur, le vendeur, n'avait qu'une action personnelle pour reprendre la chose donnée ou vendue (1).

Quand la propriété était transférée *ad diem*, comme il était certain que l'acquéreur n'aurait qu'un droit temporaire, l'acte translatif était complétement nul ; telle est la solution que nous trouvons rapportée dans les deux constitutions citées en note : *Donatio irrita est*, § 283 ; *illud quod de legatis temporalibus, utpote irritis a legum creditoribus definitum est* (loi 26). Cette nullité peut paraître difficile à justifier, surtout en présence de la loi 56, § 4 (*Verb. Oblig.*, Dig.), qui valide les obligations *ad diem* et les servitudes constituées *ad tempus*, et supprime seulement la modalité *jure civili*. Pour rendre compte de cette différence, M. Bufnoir (2) a proposé deux explications qui peuvent se résumer comme il suit : 1° les servitudes ; les obligations sont perpétuelles, en ce sens qu'elles ne peuvent s'éteindre que par des moyens déterminés ; la propriété, au contraire, ne peut s'éteindre absolument ; elle se transmet, cesse relativement entre les mains d'une personne. Quand on la transfère limitée dans sa durée, on fait un acte qui a pour objet une chose qui est hors du commerce, et qui pour cette raison doit être nulle ; 2° la tradition dont il s'agit dans le § 283, *Fr. Vat.*, est, quant à ses effets, gouvernée par la volonté des parties manifestée dans la *justa causa*. Or, la pensée du *tradens* a été de con-

(1) 38, § 3, Dig., *de Usuris*, XXII, 1 ; 2 et 3, Code, *pactis inter emp.*, IV, 54.
(2) *Théorie de la Condition*, p. 448 et la note.

férer une propriété temporaire, sinon rien, quand son intention n'est pas respectée. On ne pouvait donc scinder sa volonté et supprimer le terme pour maintenir la translation de propriété. Cette dernière explication a l'inconvénient de ne pouvoir s'appliquer ni à la mancipation, ni à la cession *in jure*. Aussi la première, quoique peu satisfaisante, nous paraît préférable. Peut-être pourrait-on dire que, pour tenir compte du terme dans la translation de propriété et lui faire produire un effet, il eût en général fallu donner une action à l'ancien propriétaire, tandis que pour atteindre le même résultat, dans les obligations et les servitudes *ad diem*, une exception suffisait. Or, dans la législation romaine, on accordait une exception plus facilement qu'une action.

Ulpien se sépara de l'opinion commune sur le point de savoir si la propriété soumise à une condition résolutoire faisait retour, *ipso jure*, au propriétaire primitif lorsque la condition venait à s'accomplir. Il proposa d'admettre qu'il aurait une action en revendication et non plus seulement une action personnelle (1). On peut conclure de là que, dans la pensée d'Ulpien, la propriété, limitée dans sa durée par un terme, n'était plus une chose hors du commerce, et que, s'il avait eu à résoudre la question de validité d'une *translatio ad diem*, il l'aurait résolue dans le sens de l'affirmative.

Sous Justinien, cette solution nous semble commandée par les lois 26, Code *de Leg.*, et 2 (Code

---

(1) L. 11, *Rei vend.*, VI, 1 et 13, *Pign. act.*, XIII, 7.

Donat. quæ., VIII, 55) (1), qui attestent, la seconde
surtout, une réforme dans la législation. Car elle reproduit la constitution qui forme le § 283 *Fr. Vat.* :
le texte, la date, le nom des empereurs, tout le prouve.
Seulement, elle a été modifiée par les commissaires
de Justinien, qui, pour la mettre d'accord avec les
principes nouveaux, lui font dire le contraire de ce
qu'elle disait.

En résumé, nous pensons que la translation de
propriété, *ad diem*, était nulle dans le droit classique,
mais valable sous Justinien. L'acquéreur était propriétaire jusqu'au terme ; les droits qu'il constituait
étaient valablement constitués, mais affectés du
même vice que le sien. D'un autre côté, l'aliénateur,
n'étant plus propriétaire, ne pouvait valablement con-
sentir sur la chose des droits qui, comme les servitudes, exigeaient, chez le constituant, la qualité de
propriétaire. Lorsqu'il s'agissait de legs ou fidéicommis *ad diem*, l'héritier était garanti par une caution
contre les détériorations commises par le propriétaire intérimaire (loi 26 *in fine*).

II. *Usufruit.* — L'usufruit établi par voie de
translatio pouvait être modifié par un terme extinctif,
quel que soit le mode employé pour sa constitution (2).
L'échéance seule du terme entraînait l'extinction du
droit : cela tenait à ce que, de sa nature, l'usufruit
était essentiellement temporaire, et pouvait être li-

---

(1) *Cum etiam ad tempus certum vel incertum ea fieri potest
lege scilicet quæ ei imposita est, conservanda.*

(2) § 48, *Frag. Vat.*, et l. 35, *de Usu. et Usuf. leg.*, Dig.,
XXXIII, 2.

mité dans sa durée. Pour cette raison, lorsqu'il était établi au profit d'une communauté, et par suite non susceptible de s'éteindre par la mort de l'usufruitier ou la *capitis deminutio*, on limitait sa durée à trente ans, suivant les uns, à cent ans, suivant les autres (1).

L'usufruit constitué *ad diem* s'éteint par la mort de l'usufruitier survenue avant l'échéance du terme ; la raison est qu'il est viager et ne peut survivre à la personne au profit de laquelle il a été établi (loi 35 citée).

Nous trouvons sur l'usufruit *ad diem*, dans une constitution de Justinien (2), une décision qui a été reproduite par notre Code (art. 620). Il s'agit d'un usufruit légué à une personne jusqu'à ce qu'un tiers ait atteint la puberté. L'arrivée de ce tiers à l'âge fixé met fin à l'usufruit; mais sa mort avant cette époque ne produit pas cet effet; le droit lui survit, au moins dans l'opinion qui a prévalu, et que Justinien a consacrée. Il donne pour raison que celui qui a constitué l'usufruit a considéré, non pas la vie du tiers, mais l'écoulement d'un certain temps : *Neque ad vitam hominis respexit, sed certa curricula.* Toutefois, il ajoute que si la mort du tiers, avant d'avoir atteint l'âge fixé, ne met pas fin à l'usufruit, il en est autrement de celle de l'usufruitier, à moins qu'il n'ait été expressément convenu que l'usufruit passerait à ses héritiers (arg. 38, § 12, Dig., *de Verb. oblig.*, XLV, 1).

<hr>

(1) L. 68, princ., Dig., ad leg. Falc., XXXV, 2. Gaius, 56, Dig., *de Usuf.*, VII, 1, et Paul, *Sent.*, liv. III, tit. VI, § 33.
(2) L. 12, Code, *de Usuf. et hab.*, liv. III, 33, (an. 530).

Le déduction de l'usufruit *ad diem* était valable lorsqu'elle avait lieu dans un testament (1). Il devait en être de même quand elle était faite dans une tradition, à l'époque où cela était possible. Une controverse rapportée dans les *Frag. Vat.*, § 50, existait entre les jurisconsultes sur la validité de cette *deductio ad diem*, dans une mancipation ou une cession *in jure*. Pomponius, d'après Paul, la déclarait nulle. Le motif, qu'il n'indique pas, était probablement que, quand l'usufruit était déduit *ad diem*, la propriété pleine n'était transférée qu'à partir du terme; ce qui n'était pas possible d'après la loi 77, *Re. jur.*

Paul, au contraire, déclare valable une pareille déduction, et se fonde sur l'exécution des pactes joints à une mancipation. Cette raison peut paraître d'autant plus superflue que les principes seuls semblaient conduire à cette solution; car la mancipation ou la cession *in jure* ayant pour objet dès à présent le transport de la propriété, la règle relative aux actes légitimes n'était pas violée par l'addition d'une *deductio ad diem*. L'opinion de Paul a dû prévaloir, et, sous Justinien, les doutes avaient disparu, car la *mancipatio* et la *cessio in jure* n'étaient plus employées, et rien, dans les autres modes translatifs de propriété, ne s'opposait à la validité de la *deductio ad diem*.

III. *Servitudes prédiales.* — A la différence de l'usufruit, les servitudes prédiales participaient de la nature des fonds auxquels elles s'attachaient et étaient,

(1) § 50, *Frag. Vat.*

comme eux, perpétuelles. Les limitations apportées à leur durée par l'acte de constitution étaient considérées comme non écrites par le droit civil (1). Les servitudes survivaient à l'échéance du terme certain ou incertain, et pouvaient être exercées *jure civili*. Seulement, le préteur accordait une exception au propriétaire du fonds servant pour repousser la prétention du propriétaire du fonds dominant.

Nous ferons remarquer en terminant que sous Justinien il en est encore de même, et que la réforme que nous avons constatée pour la propriété n'a pas été étendue aux servitudes.

(1) L. 4, pr., *de Serv.*, Dig., VIII, 1. et 56, § 4, *in fine; Verb. oblig.*, XLV, 1, où il s'agit d'un terme incertain, *quoad vivam*.

DROIT FRANÇAIS

CHAPITRE I

DIVISION. — TERME DE DROIT. — TERME DE GRACE. — TERME CERTAIN ET INCERTAIN.

Nous avons cru pouvoir nous dispenser de rappeler les règles de l'ancien droit sur les effets du terme, parce que, empruntées à la législation romaine, elles ont été pour la plupart reproduites par nos codes. Nous avons voulu ne pas trop multiplier les redites et nous avons préféré entrer immédiatement dans l'examen des dispositions de notre droit, sauf à renvoyer aux règles anciennes, lorsque nous en verrons la nécessité.

Le terme est, comme nous l'avons déjà défini, une limite certaine opposée à un rapport de droit soit pour en retarder, soit pour en arrêter les effets. Il est tantôt suspensif, tantôt extinctif. Nous aurons surtout à nous occuper du terme suspensif.

Il est exprès ou tacite; exprès, quand il est contenu dans la convention, comme lorsque l'on s'oblige à faire ou à donner quelque chose dans un certain temps ; tacite, quand il résulte soit de la nature des choses qui forment l'objet du rapport juridique, soit du lieu où le payement doit être fait. On peut citer comme exemple d'un terme tacite, celui que l'on trouve dans un prêt à usage, lorsqu'un jour n'a pas été fixé pour la restitution. Le prêteur ne peut l'obtenir qu'après que la chose a servi à l'usage pour lequel elle a été empruntée. (1875 et 1888 comb.)

Le terme de droit est celui qui est renfermé expressément ou tacitement dans la convention. Nous ne trouvons plus, comme dans la législation romaine, ces actes qui sont viciés par l'addition d'un terme. Les parties peuvent limiter, comme bon leur semble, la durée des rapports juridiques. Dans certains cas cependant le terme n'est pas maintenu tel qu'il a été stipulé (ex. art. 1660, 1429, 815, 530...).

Le terme de grâce est celui qui est accordé par le juge, contrairement à la convention, pour retarder l'époque de l'exigibilité. Il ne faut pas le confondre avec celui qui est fixé par le juge, quand le titre est muet sur le terme, ou quand il laisse au débiteur la faculté de se libérer *lorsqu'il le pourra ou en aura les moyens* (1). Car alors l'intervention du juge a pour effet plutôt de compléter la convention que d'accorder un véritable terme de grâce (art. 1900, 1901).

Dans l'ancien droit, on trouve très-répandus les

(1) Jugé que l'engagement pris par un individu de payer une somme due par à-compte ou en totalité, s'il le peut jamais, constitue une obligation à terme indéfini comme celle de l'art. 1901. (Sirey, Besançon, 2 août 1865, an. 66, 2ᵉ partie, 15.)

délais de grâce, qui suspendaient en faveur des débiteurs l'action de la loi et l'exécution des obligations. Ils étaient accordés par le roi sous le nom de lettres d'État ou de répit. Les premières, délivrées sur l'exprès commandement du roi aux personnes employées à son service emportaient une surséance à toutes les poursuites. Leur obtention et leur effet étaient réglés par l'ordon. du mois d'août 1669, tit. v, et par la déclaration du 23 décembre 1702 (1). Cette dernière avait surtout pour but, ainsi que l'annonce l'exposé des motifs, de réprimer les abus qui s'étaient introduits dans l'usage des lettres d'État. Elle limitait à six mois la durée du délai, tout en reconnaissant la faculté de le renouveler quinze jours au plus avant son expiration. Quant aux lettres de répit, elles étaient obtenues par tous les débiteurs sans distinction « qui par des accidents imprévus et fortuits se trouvaient dans l'impossibilité de payer leurs créanciers quand ceux-ci les poursuivaient, mais qui d'un autre côté avaient plus d'effets que de dettes et n'avaient besoin que de quelque délai pour s'acquitter par la vente de leurs biens et par le recouvrement de ce qui leur était dû. » Adressées aux juges, les lettres de répit permettaient d'accorder un délai raisonnable qui ne pouvait excéder cinq ans (2). Elles étaient entérinées par les tribunaux contradictoirement avec les créanciers. On en faisait un abus considérable et les rois durent souvent intervenir pour empêcher que les lettres de répit ne devinssent entre les mains des débiteurs un ins-

_____

(1) Voy. *Recueil* d'Isambert, t. XX, p. 424.
(2) *Voy.* déclarat. du mois de décemb. 1699, *id.*, p. 348.

trument de crédit, dont ils se servaient pour tromper les créanciers. Les juges ne pouvaient de leur propre chef accorder aucun terme aux débiteurs. L'art. 1er, ordon. de 1669, tit. vi, leur permettait seulement de surseoir à l'exécution de la condamnation pendant trois mois au plus.

Ces règles de l'ancien droit ont été modifiées: les lettres de répit, d'État ont été abolies en 1791; le roi a perdu le droit d'accorder des surséances particulières. Tout ce que le gouvernement peut faire, c'est d'établir des surséances générales lorsque l'intérêt public ou d'une grande masse l'exige. Nous en avons eu des exemples dans l'arrêté du 19 fructidor an X, 23 germinal an XI, et décret du 20 juin 1807; les colons obtinrent un terme pour le payement des créances antérieures au 1er janvier 1792, causées pour vente d'habitations de maisons à Saint-Domingue.

Aujourd'hui les tribunaux peuvent accorder des délais de grâce au débiteur. Ce droit leur est reconnu par l'art. 1254, Cod. civ., ainsi conçu : « *Les juges peuvent néanmoins, en considération de la position du débiteur, et en usant de ce pouvoir avec une grande réserve, accorder des délais modérés pour le payement, et surseoir l'exécution des poursuites, toutes choses demeurant en état.* » Le terme de grâce est contraire à l'art. 1134, les conventions font la loi des parties, principe reconnu par l'art. 1244 lui-même, mais auquel il apporte immédiatement une dérogation. Toulier (1) critique cette disposition comme

____

(1) Toulier, *des Contrats*, n° 656, note 3, t. VI.

impolitique, destructive du crédit, de la confiance, et encourageant la négligence et la chicane : en apparence indulgente pour le débiteur de bonne foi, elle peut lui être très-préjudiciable ; car, dit-il, l'espérance d'obtenir un délai l'empêche de prendre à temps les mesures pour payer, et sa négligence entraîne sa ruine en frais et intérêts. Malgré cette critique, nous croyons très-sage la disposition de l'art. 1244 : car elle est la consécration d'une pensée d'humanité et d'indulgence, et l'intérêt public n'a rien à gagner à une législation impitoyable. Tout ce qu'on peut regretter, c'est que la loi n'ait pas limité le délai de grâce accordé par les tribunaux : ce silence s'explique par cette idée que le législateur a cru trouver dans la responsabilité morale du juge une garantie suffisante contre toute exagération dans les délais qu'il accorde (1). Il doit donc user, avec modération et avec une grande réserve, du pouvoir qui lui est reconnu par la loi. Les considérations qui peuvent le déterminer sont tirées de l'état de gêne du débiteur, de sa bonne volonté, de sa bonne foi, et en même temps de l'absence de tout danger de perte pour le créancier. Le délai de grâce ne peut avoir lieu pour ce qui est étranger à l'exécution. Ainsi, on ne doit pas accorder de prorogation de terme pour l'accomplissement ou la défaillance des conditions expresses. Seulement le débiteur peut obtenir un terme pour le payement des obligations rendues pures et simples par l'arrivée de la condition ou sa défaillance.

(1) Rapport de M. Jaubert. Locré, t. XII, p. 466, n° 16.

Tout débiteur peut obtenir un délai de grâce : tel est le principe posé par le législateur, et auquel il apporte plusieurs exceptions que nous allons examiner. Ainsi, il n'est pas permis au juge de proroger le délai de cinq ans, fixé pour le réméré (1661); ni d'accorder un délai à l'acheteur poursuivi en résolution de la vente, lorsqu'il est stipulé qu'elle sera résolue de plein droit, faute de payement du prix au terme convenu (1656).

Quand il s'agit de la restitution d'un prêt de consommation qui devait avoir lieu à une certaine époque, le juge peut-il proroger le terme dans l'intérêt du débiteur ? La raison de douter vient de l'art. 1900, qui reconnaît ce droit aux tribunaux, quand il n'y a pas un terme fixé pour la restitution. Mais il ne faut pas s'y arrêter, d'autant plus que, comme nous l'avons déjà remarqué, le terme accordé par le juge en vertu de l'art. 1900 est un terme de droit, qui, en principe, peut être prorogé par lui avec la qualité de terme de grâce. Nous ajouterons que les motifs qui ont servi de fondement à la disposition exceptionnelle de l'art. 1244, al. 2, se rencontrent dans l'hypothèse prévue pour permettre au juge d'accorder un délai. Seulement il pourra obliger l'emprunteur à fournir des intérêts au prêteur durant le délai de grâce, lors même qu'ils n'auraient pas été stipulés par le contrat (1). Peut-être même faudrait-il aller jusqu'à dire qu'ils courront au profit du prêteur

______

(1) Il faut que le demandeur ait conclu aux intérêts, sans quoi le juge statuerait *ultra petita* (art. 480, al. 3, proc.).

quand même la mention en aurait été omise.dans le jugement (arg. 1004-1153).

— Dans une rente perpétuelle, quand les arrérages ne sont pas payés pendant deux ans, le crédi-rentier peut provoquer le remboursement du capital. Le juge n'est pas autorisé à accorder au débi-rentier un délai pendant lequel il pourra, en exécutant, se soustraire à l'obligation de rembourser. Cette opinion a pour fondement le texte même de l'art. 1912, qui rattache le droit au remboursement au non-payement des arrérages pendant deux ans. On objecte que cet art. 1912 n'est que la reproduction de l'art. 1184, et contient comme lui une condition résolutoire qui n'empêche pas d'accorder des délais au débi-rentier. Mais on peut répondre qu'il s'agit moins de prononcer la résolution du contrat que de relever le créancier d'une renonciation à la faculté d'exiger le remboursement, faite sous une condition qui n'est pas remplie. On peut voir en outre une sorte de forfait dans cette disposition ; la loi dit, d'un côté, au créancier : « Vous ne pourrez agir en résolution à la première inexécution comme dans les cas ordinaires ; j'accorde un délai au débiteur ; mais, d'un autre côté, après l'expiration de ce délai, qui n'est autre que celui de l'art. 1912, vous pourrez demander votre capital immédiatement. » La solution n'est plus la même lorsque le payement des arrérages n'a pas eu lieu par la faute du crédi-rentier. Quand la rente est quérable, il ne peut demander le remboursement qu'en prouvant régulièrement qu'il s'est présenté au domicile du débiteur pour recevoir les arrérages.

L'art. 124 (C. proc. civ.) énumère différentes hypothèses dans lesquelles le terme de grâce ne peut être accordé, et qui se présentent : 1° lorsque les biens du débiteur sont vendus à la requête d'autres créanciers, car sa position ne serait pas améliorée par l'obtention d'un délai de grâce; 2° lorsqu'il supprime par son fait les sûretés données à son créancier; 3° lorsqu'il est en faillite ou en déconfiture (arg. art. 1913); 4° lorsqu'il est contumax et exposé à des poursuites criminelles (art. 465, 470, inst. crim.); 5° lorsqu'il est constitué prisonnier à la requête d'un autre créancier commercial et civil. Cette dernière hypothèse ne peut plus se présenter aujourd'hui; la contrainte par corps étant abolie, un débiteur ne peut plus être mis en prison sur la demande de ses créanciers (loi du 22 juillet 1867).

C'est par le jugement qui statue sur le fond du droit que le tribunal peut accorder le terme de grâce (122, proc. civ.). Une fois dessaisi de l'affaire, il ne peut être saisi de nouveau pour répondre à une demande de délai ou de prorogation.

La concession du terme de grâce étant considérée comme une restriction apportée au jugement, le législateur n'a pas voulu qu'elle lui fût postérieure. Il en résulte que, quand un créancier a obtenu un jugement contre son débiteur, il peut en poursuivre l'exécution sans avoir à craindre qu'un délai de grâce vienne la suspendre ou l'arrêter.

En est-il de même lorsqu'il agit en vertu d'un titre authentique revêtu de la formule exécutoire (*mandons et ordonnons*)?

Bon nombre d'auteurs (1) soutiennent l'affirmative malgré la généralité des termes de l'art. 1244, qui ne distingue pas suivant la nature du titre. Ils invoquent à l'appui de leur opinion l'art. 122, qui, disent-ils, contient les règles relatives au délai de grâce ; ils ajoutent que permettre au juge d'accorder un terme malgré un titre exécutoire, c'est violer les principes du droit public et créer un empiétement du pouvoir judiciaire sur le pouvoir exécutif. Ils tirent un autre argument des travaux préparatoires et d'une suppression opérée dans l'art. 143 du projet qui forma l'art. 1244 (2). Dans ce système, l'application de cet article, au cas où le créancier a un titre exécutoire, n'a lieu que s'il veut obtenir un jugement pour avoir une hypothèque, ou mettre fin à une contestation sur l'interprétation du titre. Dans l'autre système, l'art. 1244 s'applique toutes les fois que le créancier agit en vertu d'un acte notarié, quel que soit le but de sa demande. En faveur de cette opinion, l'on invoque le texte et l'esprit de l'art. 1244. Ses termes, en effet, comprennent les actes authentiques qui ont exécution forcée, puisque la loi permet aux juges de surseoir à l'exécution des poursuites ; ce qui suppose un titre exécutoire. C'est en vain que les partisans de la première opinion disent, pour écarter cet argument, que la surséance dont il est ici question se réfère aux actes conservatoires permis en vertu d'un titre non exécutoire. Cette interprétation restrictive est

(1) En ce sens, Toulier, *Contrats*, n° 660, t. VI ; Boitard, art. 122, n° 256 ; Roland de Villargues, au mot *Terme*, n° 18.

(2) Locré, XII, p. 273, n° 10.

trop contraire au texte pour être admissible. Elle serait aussi contraire à son esprit ; car, le but du législateur étant de venir au secours du débiteur malheureux et de bonne foi, il ne pouvait lui refuser le bénéfice d'une indulgente humanité dans un cas où, à
cause de la force exécutoire du titre, de la promptl-
tude des poursuites, le besoin de protection se fait
mieux sentir. Ce but ne serait pas atteint dans le système adverse, qui traite le débiteur malheureux et de
bonne foi de la même façon que le débiteur de mauvaise foi. Enfin, pour corroborer les raisons qui précèdent, on peut tirer un argument d'analogie de
l'art. 2212, où le juge suspend les poursuites exercées en vertu d'un acte authentique. Nous inclinons
donc à penser que la force exécutoire du titre n'empêche pas le juge d'accorder un terme de grâce au
débiteur (1). Si les partisans de l'opinion contraire
opposent l'art. 122, proc. civ., on peut réfuter l'objection en restreignant cette disposition au cas où le
créancier a déjà obtenu un jugement. De même,
quant à l'argument qu'ils tirent de la violation des
principes du droit public, il peut être écarté par le
raisonnement suivant : les droits de la puissance exécutoire émanent de la loi qui plane au-dessus de tous
les pouvoirs ; et si la puissance judiciaire tient aussi
de la loi le droit d'accorder des délais, comment dire,
si elle en accorde, qu'elle empiète sur le domaine du
pouvoir exécutif ? Or, la question est précisément de

(1) En ce sens, Marcadé, VI, p. 533 ; M. Colmet de Santerre à
son cours ; Paris, 2 août 1819 ; Sirey, 49, 2, 527 ; et plus récem-
ment Alger, 17 février 1861 ; Sirey, 61, 2, 181.

savoir si ce droit appartient à la puissance judiciaire,
et si, comme nous le croyons, il est consacré par
l'art. 1244, l'argument précité tombe de lui-même.
Celui que l'on tire des travaux préparatoires ne me
paraît pas plus concluant. La suppression que l'on
invoque n'a aucune influence sur la question qui nous
occupe, ainsi que l'a démontré Marcadé (passage
cité en note). D'ailleurs, on peut y répondre par un
passage du rapport de M. Jaubert au Corps législa-
tif(1). Cherchant à justifier le droit pour le juge d'accorder un terme de grâce au débiteur, il cite comme
exemple le cas d'une expropriation forcée qui ne peut
avoir lieu qu'en vertu d'un titre exécutoire.

En présence d'une stipulation contraire (2), le juge
est-il autorisé à accorder au débiteur un terme de
grâce? En faveur de la négative, on peut invoquer
les travaux préparatoires, ou au moins la discussion
qui eut lieu au sein du conseil d'État. Sur la demande
de Cambacérès, Bigot de Préameneu déclara qu'il n'é-
tait pas dans l'intention de la section d'étendre l'application de l'art. 1244, al. 2, au cas où, par une stipulation expresse, le terme de grâce serait prohibé (3).

Toutefois, comme cette restriction ne fut pas rappelée au Corps législatif, on a conclu que la loi n'a
pas été votée avec ce sens; on ajoute que la règle de

(1) Locré, XII, p. 166, n° 16.
(2) Dans l'ancienne législation la renonciation au droit de demander les lettres de répit n'empêchait pas d en obtenir (ordon.
de 1669, art. 12). Il n'en était pas de même pour les lettres d'État.
(Déclar., 23 décembre 1702, art. 9.)
(3) Locré, XII, p. 170, n° 26.

l'art. 1244, al. 2, étant portée comme principe d'humanité, c'est une disposition d'ordre public à laquelle les parties ne peuvent déroger. En outre, il serait à craindre que la clause dérogatoire, si elle était maintenue, ne devînt une clause de style et ne rendît illusoire la disposition de l'art. 1244 (1).

Quand le jugement est contradictoire, le délai de grâce court du jour du jugement, sans que la signification en ait été faite. Il n'en est pas de même lorsqu'il est rendu par défaut ou sujet à appel; le délai alors court seulement du jour de la signification (art. 123, proc. civ.). Cette disposition prouve que le terme de grâce peut être accordé d'office par le juge à une partie qui fait défaut ou ne conclut pas à une demande de terme. Il n'y a en cela rien de contraire à l'art. 480, n° 3 (proc. civ.), qui défend aux tribunaux de statuer *ultra petita :* car alors le juge accorde au créancier moins qu'il n'est demandé, et tempère la condamnation pour se conformer à l'équité.

Rien dans la loi ne limite la durée du délai que le juge peut accorder : le législateur s'en rapporte à son appréciation et à sa prudence; il n'a pas reproduit l'ordonnance de 1669 qui fixait à trois mois le maximum de ce délai. C'est donc à tort selon nous que par application de l'art. 2212 on fixerait ce délai maximum à un an (2).

Pour compléter nos développements sur le terme

(1) En ce sens, Marcadé, n° 331, t. IV. Colmar, 29 juillet 1830. Sirey, 31, 2, 272. — En sens contr., Toullier, *des Contrats*, VI, n° 658; et Larombière, sur l'art. 1244, n° 28.
(2) Cf. Toullier, *des Contrats*, VI, n° 657.

de grâce, nous ajouterons quelques mots touchant les obligations commerciales. Le débiteur d'une lettre de change ou d'un billet à ordre ne peut obtenir aucun délai de grâce. Cette impossibilité est consacrée par les art. 157 et 187, Cod. com., qui abolissent les anciens répits de l'ordonnance de 1673 (art. 4). Elle est fondée sur les nécessités du commerce et sur la nature des engagements. Nous n'en conclurons pas avec Toulier (1) qu'elle a lieu pour toutes les obligations commerciales et que l'art. 1244 doit être restreint aux dettes civiles. Nous pensons au contraire qu'à moins d'une exception formelle comme celle des art. 157 et 187 les juges sont autorisés à accorder un délai. Car, lorsque dans son rapport le tribun Jaubert (2) déclarait qu'il ne parlait pas des obligations de commerce qui auraient leurs règles particulières, il se référait aux billets à ordre et aux lettres de change.

Une autre question s'élève sur le point de savoir si la disposition exceptionnelle de l'art. 187 s'applique au billet à ordre civil. L'affirmative est généralement admise à cause de la généralité des termes de cet article, qui n'établit aucune distinction entre le billet à ordre commercial et civil.

La distinction entre le terme certain et incertain a conservé quelque importance dans les testaments. Nous n'avons plus à nous occuper des effets du terme dans les institutions d'héritiers, puisqu'elles ne sont pas consacrées par notre droit et qu'elles sont as-

(1) *Cod.*, n° 661.
(2) Locré, VI, p. 166, n° 16.

similées à des legs universels ou à titre universel (art. 1002) (1).

Dans les legs, le terme certain retarde seulement l'exécution, mais n'empêche pas la transmission du droit aux héritiers du légataire mort avant l'échéance (arg. art. 1041). Il ne s'oppose pas à la saisine s'il se trouve dans les conditions à y avoir droit (art. 1006); mais il l'empêche d'acquérir les fruits perçus jusqu'à l'échéance du terme lors même qu'elle aurait lieu dans l'année du décès du testateur.

Quant au terme incertain, il produit les mêmes effets que la condition et suspend comme elle l'ouverture même du legs. Cela tient à ce que, le legs étant une libéralité toute personnelle, il ne peut s'ouvrir utilement qu'au profit du légataire; il devient nécessairement conditionnel lorsque l'ouverture en est subordonnée à un événement même certain, mais dont l'arrivée est incertaine et peut ne pas avoir lieu du vivant du légataire. Ces idées que nous avons trouvées dans le droit romain passèrent dans notre ancienne législation et furent consacrées dans les pays de droit écrit et de droit coutumier (2). Elles ont été reproduites dans notre Code par l'art. 1040 qui, dans sa généralité, comprend aussi bien le terme incertain que la véritable condition.

Toutefois cette assimilation du terme à la condition

(1) Il en était ainsi dans l'ancien droit, Cf. Pothier, *Donat. testam.*, cap. II, § 1; où l'on trouve cette règle : *Institution d'héritier n'a lieu.*

(2) Furgole, *Testaments*, cap. VII, sect. 3, § 27. Pothier, *loc. cit.*, cap. V, sect. 2, § 1.

disparaît lorsque d'après l'intention du testateur la modalité affecte non pas l'existence du legs, mais son exécution (art. 1041). Elle n'empêche plus le légataire d'avoir un droit acquis et transmissible à ses héritiers du jour de l'ouverture de la succession. Il n'est pas toujours facile de découvrir l'intention du testateur, et de déterminer quand la modalité ajoutée par lui est une condition ou un terme. Il y aura là des questions de fait et d'espèce pour la solution desquelles il est impossible de poser des règles fixes et précises. Tout ce qu'on peut dire, c'est qu'il faut, pour l'interprétation de la volonté du testateur, ne pas trop s'en rapporter à des conjectures éloignées et souvent étrangères, mais s'en tenir à la contexture du testament et à la combinaison entre elles des dispositions qu'il contient.

L'intention de retarder l'ouverture du legs nous paraît suffisamment manifestée « quand la modalité affecte la substance du legs et lui est inséparablement conjointe » comme dans la disposition suivante : « Je lègue tant à Paul lorsque Pierre mourra. » Malgré la certitude de la mort de Pierre le legs est conditionnel (1). D'un autre côté, si la libéralité est faite ainsi : « Je lègue à Paul 100 qui lui seront payés quand Pierre mourra, » l'indication du terme affecte non la substance du legs, mais son exécution; et la mort de Paul du vivant de Pierre n'empêche pas la transmission du droit aux héritiers. Cette solution n'était pas

(1) Furgole, lieu cité, n° 28 ; Domat, *Lois civiles*, liv. III, tit. I, sect. 8, § 13.

admise par Furgole (1), qui, reproduisant une décision
contraire de Jacques Ferrières, disait pour la justifier
que le jour incertain fait condition indéfiniment et
sans distinction : « ce qui a lieu soit que le jour incertain tombe sur la substance du legs ou sur l'exécution,
et par conséquent dès que le légataire n'existe pas
lorsque le jour incertain arrive il ne peut transmettre
le droit d'exiger le legs. » Pothier (2) était d'un avis
opposé parce que, disait-il, la modalité ne se réfère
pas à la disposition elle-même et ne peut la rendre
conditionnelle. Il assimilait ce legs à celui où le testateur avait dit : « Je lègue à Pierre 10 payables à
sa majorité.

Pour compléter ces notions générales sur l'interprétation des modalités ajoutées à une disposition
testamentaire, nous rappellerons qu'en droit français,
comme en droit romain, le terme incertain, qui consiste dans la mort du légataire, ne constitue jamais
une condition. Car l'échéance arrivera nécessairement
du vivant du légataire, et à cette époque la disposition devra recevoir son effet d'après la volonté clairement manifestée du testateur au profit des héritiers
du légataire.

A côté des legs, nous trouvons les fidéicommis,
dispositions par lesquelles, en gratifiant une personne,
on la charge de rendre l'objet donné ou légué à un
tiers que l'on gratifie en second ordre. Quand la
charge de restituer est reculée jusqu'à la mort du
premier gratifié, la disposition forme ce qu'on ap-

(1) *Loc. cit.*, n° 29 et 30.
(2) *Donat. testam.*, cap. V, part. II, § 1.

pelle plus spécialement en droit français une substitution fidéicommissaire, ou simplement une substitution. Elle est prohibée quand elle réunit certains caractères dans le détail desquels nous ne pouvons entrer. Tout ce que nous voulons dire, c'est que si l'obligation de rendre, au lieu d'être reportée au décès du grevé, doit être exécutée immédiatement ou dans un délai déterminé, la règle prohibitive de l'art. 896 ne recevra pas son application. Car cette disposition n'a pas le caractère essentiel de toute substitution prohibée, l'*ordo successivus*, la transmission successive mais incertaine du premier gratifié au second. Le droit est acquis au fidéicommissaire du jour où la disposition produit son effet; il doit être capable de recueillir à cette époque, et non pas seulement à l'époque où la restitution lui sera faite. Nous donnerons la même solution quand la charge de rendre est reportée au décès du second gratifié. Car, dans cette hypothèse, il n'est pas comme le substitué qui n'a qu'un simple droit subordonné à la condition qu'il survivra au premier gratifié. Suivant les circonstances et les expressions de l'acte, celui-ci sera considéré ou comme légataire d'un usufruit, disposition parfaitement compatible avec le legs de nue propriété (898), ou comme un grevé de fiducie. Le fiduciaire est celui qui n'est institué légataire que pour la forme, afin de tenir en dépôt les biens légués et de les administrer jusqu'au moment où il doit en faire la remise au véritable légataire. La question de savoir s'il y a ou non fiducie est laissée à l'appréciation des tribunaux.

CHAPITRE II

DU TERME SUSPENSIF DANS LES OBLIGATIONS.

SECTION I.

Ses effets.

Le terme diffère de la condition en ce qu'il ne suspend pas, comme elle, l'existence de l'obligation (art. 1185). Il recule seulement l'exigibilité ; de telle sorte que ce qui est dû à terme ne peut être exigé avant l'échéance. C'est ainsi qu'il faut entendre ce vieil adage : *Qui a terme ne doit rien.*

1. Exceptionnellement, le créancier peut agir avant l'échéance, quand le terme a été stipulé exclusivement dans son intérêt, comme en matière de dépôt (art. 1044). Mais en thèse ordinaire, l'exercice de son droit est suspendu jusqu'à l'échéance ; il ne peut rien faire qui tende à obtenir du débiteur l'exécution de l'obligation. Celui-ci peut repousser sa demande par une exception, ou, s'il fait défaut, les juges ne doivent pas le condamner, mais suppléer l'exception

d'office. Car le titre, sur lequel le créancier fonde sa prétention, montre qu'elle est prématurée et doit être rejetée. Ce rejet n'est pas définitif, et à l'échéance même l'action pourra être de nouveau intentée par le créancier. Si, durant l'instance, le terme arrive, le débiteur doit être condamné, comme si la demande n'avait pas été prématurée, à moins toutefois qu'il ne paye à l'échéance. Car c'est au moment du jugement que l'on se place pour savoir si la demande est bien ou mal fondée. Or, le payement effectué par le débiteur à l'échéance prouve que le créancier a eu tort d'agir : il doit, d'une part, supporter les frais de la demande, et même fournir des dommages-intérêts au débiteur si son crédit en a souffert (arg. art. 1382). D'un autre côté, si le débiteur ne paye pas, et s'il s'agit d'une dette de somme d'argent, les intérêts courront non pas du jour de la demande (art. 1153), mais du jour de l'échéance.

Comme conséquence de cette idée, que le créancier à terme ne peut provoquer l'exécution de l'obligation, nous citerons l'impossibilité de faire une saisie-exécution, une saisie-brandon, ou une saisie immobilière. Car elles constituent des voies d'exécution forcée : elles sont l'exercice d'un droit certain, prouvé par acte authentique, revêtu de la formule exécutoire; elles procurent indirectement au créancier le payement de ce qui lui est dû, en lui permettant de faire vendre les biens du débiteur et de se payer sur le prix de vente.

Quant à la saisie-arrêt, par laquelle un créancier fait défense aux débiteurs de son débiteur de se dessaisir du montant de ce qu'ils doivent en d'autres mains que les siennes, elle diffère des autres saisies en ce qu'elle peut avoir lieu sans acte authentique (art. 557, proc. civ.). Doit-on, pour cette raison, la distinguer des autres, au point de vue qui nous occupe? A s'en tenir aux art. 557 et 558, proc. civ., on pourrait être tenté de l'assimiler aux actes conservatoires, et conclure qu'elle peut être pratiquée par le créancier à terme; mais cette conclusion a été repoussée par la plupart des auteurs, et l'on décide généralement aujourd'hui que la saisie-arrêt n'est pas ouverte au créancier à terme (1). La différence qu'il y a entre elle et les voies d'exécution dont nous avons parlé ne paraît pas suffisante pour l'assimiler d'une manière complète et absolue aux actes conservatoires, permis au créancier à terme (arg., art. 1180). D'ailleurs, cette assimilation n'eût pas été conforme à la nature des choses. Car il y a quelque chose de plus dans la saisie-arrêt que dans un acte conservatoire, tel que l'a entendu le rédacteur de l'art. 1180. Faire un acte conservatoire, c'est prendre des mesures qui, sans porter atteinte aux droits du débiteur, peuvent garantir éventuellement ceux du créancier; mais saisir-arrêter la créance de son débiteur, c'est, en réalité, lui causer le même préjudice que si on le

(1) Boitard et M. Colmet Daage, *Cours de procédure*, II, p. 200 et se Chauveau sur Carré, IV, n° 1926. — Roger, *des Saisies-arrêts*, n° 117 et seq. Bordeaux, 13 août 1846. Dal. 47, 2, 431. — Exception en faveur du cédant primitif pour le cas de revente d'un office, Aubry et Rau sur Zacha., II, § 261, texte, note 60, civil rejet 18 juillet 1860. Sirey 60, 1, 599, et Caen, 8 août 1865. Sirey, 66, 2, 224. Comp. une consultation de Sirey; *Recueil.*, an. 1817, 2° part., p. 83.

contraignait à payer immédiatement ce qu'il ne doit payer qu'après un certain temps; car on le prive du recouvrement des sommes sur lesquelles il a pu et dû compter. Quant à la généralité des termes des art. 557, 558, proc. civ., on peut l'expliquer en disant qu'elle a pour but de repousser toute distinction entre la nature et la forme des actes soit authentiques, soit sous seing privé, qui peuvent servir de fondement à une saisie-arrêt.

Cette décision doit-elle s'appliquer au terme de grâce? En faveur de l'affirmative on invoque d'abord l'intention du juge qui veut donner au débiteur le moyen de se libérer; on ajoute que la saisie-exécution n'étant pas permise, on ne comprendrait pas que la saisie-arrêt le fût; car elle le mettrait dans l'impossibilité de rétablir ses affaires, et de se libérer envers son créancier. Nous ne pensons pas qu'on doive s'arrêter à ces raisons, et nous croyons plutôt que le terme de grâce n'est pas un obstacle à la saisie-arrêt d'une créance devenue exigible depuis l'obtention de ce terme. Le créancier pourra donc en assignant le débiteur pour faire valider la saisie demander que le tiers saisi soit condamné à payer entre ses mains à l'expiration du délai de grâce. De cette manière on ne viole pas l'art 1244, puisque les choses demeurent dans le même état qu'au jour du jugement qui a accordé des délais; la marche suivie par le créancier tend seulement à lui conserver son droit. D'ailleurs nous n'avons pas pour interdire la saisie-arrêt la même raison que dans l'hypothèse précédente; le créancier n'a pas consenti à ne rien faire avant l'échéance. Il subit un délai qu'il n'a pu éviter, et cela par faveur pour le débiteur malheureux et de bonne foi. Mais il n'est pas dans l'intention du législateur que cette faveur soit préjudiciable au créancier, au point de laisser au débiteur, dont la conduite est, sinon suspecte au moins inquiétante, la faculté de percevoir des crédits dont il peut facilement détourner les produits au préjudice du créancier (1). Enfin à l'appui de notre manière de voir nous trouvons un argument d'analogie dans les art. 1291 et 1292, qui établissent entre le terme de droit et de grâce une distinction en ce qui concerne la compensation.

Nous venons de voir que le terme apposé à un titre s'oppose à ce qu'on s'en serve pour pratiquer une saisie-arrêt. Il n'en est pas de même du terme qui affecte la créance qu'on veut saisir-arrêter. On pense (au moins c'est l'opinion la plus générale) que la non-exigibilité d'une créance n'est pas un obstacle à la saisie-arrêt de cette créance (2). Mais est-ce un obstacle à la vente? Les avis sont partagés : la cour de Paris (3) par un arrêt confirmatif d'un jugement du tribunal de Joigny a consacré la négative avec cette particularité qu'il faut suivre les formalités exigées pour la vente des rentes saisies (art. 644, proc. civ.). Le principal argument de droit développé dans les considérants du jugement précité est tiré de la com-

---

(1) Toulier, *des Contrats*, VI, n° 673; Roger, *eod.*, § 120. Cf. Larombière, *Traité des obligations*, sur l'art. 1244, n° 27, t. III.

(2) Arg. art. 2092, 2093, et *a contrario*, des art. 580 et seq., proc. civ., qui parmi les obstacles à la saisie-arrêt ne mentionne pas le *terme*.

(3) 26 juin 1851, Sirey, 51, 2, 365.

binaison des art. 557, 570, cod. proc. civ., d'après
lesquels une fois la saisie-arrêt validée rien ne s'oppose à la vente et à la distribution du prix entre les
créanciers. Plusieurs auteurs (1) soutiennent une
opinion contraire et se fondent sur l'intérêt des autres
créanciers qui pourraient souffrir de la vente faite à
vil prix d'une créance à longue échéance ; ils ajoutent
que le saisissant est suffisamment garanti par le droit
qu'il a de se faire payer à l'échéance par le tiers
saisi.

—On s'est demandé si le créancier à terme pouvait
exercer les droits et actions de son débiteur, conformément à l'art. 1166. La solution de cette question
dépend de celle-ci : l'exercice des droits du débiteur
est-il un acte conservatoire? Si, oui, il est permis au
créancier à terme (art. 1180) ; si, non, il lui est interdit. Bien qu'il n'ait pas pour effet de déposséder le
débiteur, il a pour lui des conséquences tellement
graves qu'il nous paraît difficile de le ranger parmi
les actes conservatoires. Ainsi il altère le droit de disposition que le débiteur avait sur ses biens, tant qu'ils
n'étaient soumis qu'au gage imparfait de l'art. 2092 ;
il le met dans l'impossibilité d'aliéner ses droits, de
transiger avec les tiers, de plaider avec l'espoir de
voir les jugements produire leurs effets contre le
créancier ; il substitue dans ses affaires une direction
et une volonté étrangères. Tout cela ne constitue-t-il
pas plutôt un commencement d'exécution qu'un véritable acte conservatoire? C'est l'opinion qu'ensei-

1) Roger, *des Saisies-arrêts*, n° 168.

gnent plusieurs auteurs (1) et que nous n'hésitons pas
à adopter, Nous croyons donc que le créancier à
terme ne peut exercer les droits de son débiteur.
Mais si un autre créancier pur et simple les exerce, il
pourra partager avec lui les valeurs acquises par cet
exercice, Car, sauf les exceptions des art. 1753, 1798,
C. civ,, 133, C. pr. civ., les biens d'un débiteur forment le gage commun de tous ses créanciers (article 2003).

—Une autre question qui se lie à celle que nous
venons d'examiner, porte sur le point de savoir si un
créancier à terme peut intenter l'action Paulienne.
L'affirmative nous paraît hors de doute. En effet,
cette action n'a sa raison d'être, et n'est efficace que
quand le débiteur est insolvable; or, l'insolvabilité
d'un débiteur civil le constitue en état de déconfiture,
et, comme nous le verrons, cet état entraîne la déchéance du terme (art. 1188). Le créancier à terme
pourra donc en invoquant cet article discuter les biens
de son débiteur, et si cette discussion prouve son insolvabilité, le terme étant alors supprimé, rien ne
s'oppose à ce que le créancier exerce l'action révoca-
toire, pourvu qu'il réunisse les conditions exigées par
la loi.

—Le terme met obstacle à la compensation, pourvu
toutefois qu'il s'agisse du terme de droit. « La compensation n'a lieu qu'entre deux dettes....., et qui
sont également liquides et exigibles; le terme

(1) *Voy.* MM. Labbé, *de l'Exercice des droits.* (*Revue critique,*
t. IX, n° 19.) et M. Colmet de Santerre, sur l'art. 1166, 81 *bis,*
1°, t. V. — *Contra.* Mourlon, t. II, 7° édit., p. 604, note 2.

de grâce n'est pas un obstacle à la compensation »
(art. 1291 et 1292). Cette décision et cette différence entre les deux termes sont en parfaite confor-
mité avec les principes; car la compensation n'est
au fond qu'une exécution proprement dite des obligations compensées. Chacune des parties reçoit indirectement le montant de sa créance par l'extinction légale
de l'obligation dont elle est débitrice. Si, quand le
créancier à terme devient, *pendente die*, débiteur pur
et simple de son débiteur, on avait admis la compensation, on aurait proclamé l'exécution de l'obligation
avant l'échéance, exécution que le terme avait pour
but de retarder. Le même motif n'existait pas pour
prohiber la compensation, quand il y a un terme de
grâce. Car son but étant de permettre au débiteur
malheureux et de bonne foi de réunir les sommes nécessaires au payement de la dette dont il est tenu,
il n'y a plus de raison pour le maintenir, lorsque
devenu créancier de son créancier, le débiteur n'est
plus dans la position dont la prise en considération lui
avait valu un délai de grâce.

Les sursis accordés à une masse de citoyens par le
gouvernement dans les hypothèses que nous avons
rappelées (cap. 1), et qui peuvent se présenter de
nouveau, ne sont pas plus que le terme de grâce des
obstacles à la compensation.

—Comme corrélation de l'impossibilité pour le
créancier d'agir avant l'échéance, nous trouvons consacrée pour le débiteur l'impossibilité de faire courir
avant la même époque le délai nécessaire à sa libération par prescription. Telle est l'idée, qui, empruntée

à Pothier (1), a été résumée dans l'art. 2257, al. dern. :
« La prescription ne court pas à l'égard d'une créance
à jour fixe, jusqu'à ce que ce jour soit arrivé. » Bien
que cet article ne parle que des créances à jour fixe,
sa disposition doit s'appliquer par *a fortiori* aux
créances à terme incertain, qui, pour la fixation du
point de départ de la prescription, peuvent être assimilées aux créances conditionnelles.

Il peut se faire que le créancier ait plusieurs débiteurs solidaires dont l'un seul est obligé à terme
(art. 1201, *in fine*). Dans ce cas, s'il agit contre un
débiteur pur et simple, celui-ci ne pourra repousser
sa demande, en invoquant le terme accordé à son
codébiteur; car ce terme donne lieu à une exception
personnelle qui ne profite qu'à celui auquel il a été
concédé. Si la prescription s'est accomplie au profit
du débiteur pur et simple, ce qui est possible (art.
2262 et 2257), quel en sera l'effet sur le droit du
créancier? Il va sans dire que s'il poursuit ce débiteur, sa demande sera repoussée pour la totalité de la
dette. Mais s'il agit contre l'autre, qu'arrivera-t-il?
Dira-t-on que la prescription est un de ces moyens
que des auteurs appellent purement personnels,
comme l'incapacité et le concordat, et qu'elle ne
pourra être invoquée par le codébiteur à terme?
Nous ne le pensons pas; car il faudrait ou lui accorder
un recours pour partie contre son codébiteur (art.
1212, 1213), ce qui empêcherait celui-ci de profiter

(1) *Obligat.*, n° 615. Cf. loi 7, § 4, Cod. *de Prescrip.*, 30 vel 40,
annorum VII, 40.

de la prescription, ou lui refuser tout recours, ce qui aggraverait singulièrement sa position.

Dira-t-on que la prescription est un moyen commun, et qu'en cette qualité elle pourra être invoquée pour le tout par le débiteur à terme ? On l'a contesté en disant qu'il est dans une situation exceptionnelle par rapport à la prescription. On a proposé (1) de la considérer comme un moyen personnel, ne pouvant être opposé que pour partie au créancier. On invoque à l'appui de cette manière de voir la décision que la loi donne sur la remise de dette faite expressément au profit d'un seul codébiteur, et dont les autres ne peuvent se prévaloir que pour partie (art. 1285, al. 2). Il y a de grands rapports entre la renonciation à la créance, qualifiée remise de dette, et l'abandon implicite, la renonciation tacite résultant de la prescription. Je ne vois pas, pour mon compte, ces rapports entre la prescription et la remise de dette, et cela parce que la prescription est plutôt fondée sur une présomption de payement que sur l'idée de renonciation. D'ailleurs, si la prescription est une remise de dette, pourquoi ne pas lui faire produire les mêmes effets, extinction de la créance à l'égard de tous (art. 1285, al. 1) ? Pourquoi voir dans l'addition d'un terme quelque chose d'analogue à cette réserve expresse à laquelle fait allusion le même article *in fine*, et qui restreint les effets de la renonciation à une partie de la dette ? C'est, selon moi, ne pas tenir compte de la nature de cette modalité ; car

_____

(1) *Voy.* M. Colmet de Santerre, V, sur l'art. 1208, n° 142 *bis*, v.

le terme avait pour but de rendre la position du débiteur qui l'a stipulé plus avantageuse que celle de l'autre : en adoptant l'opinion que nous combattons, l'on arrive à lui faire produire un effet contraire. Aussi sommes-nous disposé à reconnaître au codébiteur à terme le droit d'opposer au créancier, comme le payement ou la novation, la prescription accomplie au profit du codébiteur (1).

Si, au lieu de plusieurs débiteurs solidaires, il y a un débiteur principal et des cautions, la question que nous venons de résoudre ne se présentera pas : en effet, ou le débiteur principal et la caution sont obligés à terme, et la prescription ne court pas à leur profit; ou le débiteur principal n'a pas de terme, et la caution en a un, puisqu'elle peut s'engager sous des conditions moins onéreuses, et alors il lui est permis d'invoquer la prescription accomplie au profit du débiteur (art. 2035). Il n'y a pas à nous occuper du cas où la caution serait obligée purement et simplement, tandis que le débiteur principal aurait stipulé un terme. Une pareille convention ne serait pas maintenue, puisque le cautionnement serait contracté sous des conditions plus onéreuses, ce qui n'est pas permis (art. 2013).

Supposons maintenant qu'une créance à terme soit garantie par une hypothèque, il y a lieu de se demander quelle est l'influence du terme sur l'extinction par prescription de l'hypothèque. Tant que l'immeuble hypothéqué est entre les mains du débiteur, la

(1) Telle paraît être l'opinion de M. Larombière qui toutefois ne discute pas la question. *Traité des oblig.* sur l'art. 1208, n° 2.

prescription ne commence pas plus pour l'hypothèque que pour l'obligation. Car, tant que dure cette situation, l'extinction par prescription de l'hypothèque n'est que l'accessoire de l'extinction de l'obligation par le même moyen (art. 2180, 4°, al. 2) : « La prescription est acquise au débiteur quant aux biens qui sont dans ses mains, par le temps fixé pour la prescription des actions qui donnent l'hypothèque ou le privilége. » Mais, une fois que le bien hypothéqué est sorti, par l'aliénation, des mains du débiteur, la prescription de l'hypothèque peut avoir lieu indépendamment de celle de l'obligation, pourvu que l'acquéreur ait fait transcrire son titre. « Quant aux biens qui sont dans la main d'un tiers détenteur, elle lui est acquise par le temps réglé pour la prescription de la propriété à son profit... (art. 2180, 4°). » Cette prescription, soumise à l'art. 2265, commence à courir du jour de la transcription du titre et non pas seulement du jour de l'échéance. Cette décision était déjà admise dans l'ancien droit (1) où l'on accordait au créancier une action en reconnaissance d'hypothèque contre le tiers détenteur pour interrompre la prescription. Cette action en déclaration d'hypothèque a été implicitement consacrée par notre code. Car nous voyons (art. 2173) que le tiers détenteur peut avoir été condamné en cette qualité seulement. En écrivant cette disposition, le législateur a dû évidemment viser le cas où le tiers détenteur serait poursuivi en reconnaissance d'hypothèque. Aussi décide-t-on générale-

(1) Despeisses, *des Contrats*, part. IV, tit. IV, n° 32, 3 ; Pothier, *de l'Hypothèque*, cap. III, § 6.

ment, dans la doctrine sinon dans la jurisprudence, que la prescription de l'hypothèque au profit de l'acquéreur d'un immeuble n'est pas soumise à l'art. 2257 *in fine* (1).

Cette question se rattache à une question beaucoup plus vaste, celle de savoir si les circonstances qui s'opposent temporairement à la prescription des actions sont des obstacles à l'acquisition des droits réels par usucapion ou à leur extinction au profit des tiers possesseurs, ou, en d'autres termes, si les dispositions de l'art. 2257 leur sont étrangères. En faveur de l'affirmative, qui est généralement admise, on invoque le texte de cet article, qui ne parle que de créances, de droits personnels. On corrobore cet argument de texte par la différence qu'il y a entre ces deux genres de prescription. L'une, celle des créances, est fondée sur la négligence du créancier, qui ne peut exister tant que le créancier se trouve dans l'impossibilité d'agir ; l'autre, celle des droits réels, est fondée sur la possession qui existe malgré les obstacles temporaires qui empêcheraient la personne contre laquelle elle procède de poursuivre l'exercice de ses droits. D'ailleurs, le tiers dont les droits seraient compromis par l'usucapion pourra toujours faire un acte interruptif de la prescription, qui, en cette qualité, sera rangé parmi les actes conservatoires (2). La décision contraire, que nous

---

(1) Aubry et Rau sur Zach., § 213, note 21, et les autorités qu'il cite. En sens cont., Paris, 12 juin 1866, Sirey, 67, 2, 33. Cf. la note de M. Labbé sous cet arrêt.

(2) Aubry et Rau sur Zach., § 213, note 11.

trouvons dans la loi 3, § 3 (Code, *com. de Leg.*, VI, 43), et qui, suivant certains interprètes, n'était que l'application des principes, suivant d'autres renfermait une disposition exceptionnelle pour les legs, n'a plus sa raison d'être aujourd'hui.

Que décider si l'immeuble hypothéqué est en la possession du tiers qui a lui-même consenti une hypothèque pour la dette d'autrui? Il va sans dire que ce tiers ne pourra invoquer la prescription de dix à vingt ans contre le créancier puisqu'il est de mauvaise foi. Des auteurs lui permettent d'invoquer la prescription de trente ans (art. 2262), lors même que le débiteur resterait obligé; ils refusent d'appliquer l'art. 2250 à ce tiers qu'on a appelé caution réelle (1). Ils admettraient probablement qu'au cas d'une créance à terme la prescription par lui de la franchise de son immeuble, commencerait avant l'échéance. C'est d'ailleurs la solution à laquelle nous nous arrêtons et qui nous paraît commandée par celle que nous avons adoptée sur la question précédente.

— Interdire au créancier à terme tout acte qui aurait amené soit directement, soit indirectement l'exécution de l'obligation, c'était, nous l'avons dit, se conformer à la nature des choses et à l'intention des parties; mais lui refuser le droit de veiller à la conservation de sa créance, de prendre certaines mesures pour en assurer l'efficacité, c'eût été l'exposer à de grands dangers. Aussi, bien que le législateur n'ait consacré nulle part le droit pour le créancier à

____

(1) *Voy.* les mêmes, § 213, texte et note 15.

terme de faire des actes conservatoires, il faut le lui reconnaître par application *a fortiori* de l'art. 1180. Car, par la nature de sa créance, il mérite plus de protection que le créancier conditionnel dont il est question dans cette disposition. On entend par actes conservatoires ceux qui ont pour effet d'empêcher les biens de se détériorer et les droits de se perdre. Les énumérer ne serait pas chose facile parce qu'ils varient suivant les événements, la nature des droits à conserver, les biens qui servent de gage aux créanciers.

Toutefois on peut citer : 1° Les actes qui ont pour but de publier le droit ajourné comme l'inscription d'hypothèque, la transcription des actes d'aliénation;

2° L'action en reconnaissance d'écriture ou de signature sur laquelle nous devons donner quelques détails. Cette action existait déjà dans l'ancien droit ; nous la trouvons consacrée et réglée par les art. 92, 93 de l'ordonnance de Villers-Cotterets, rendue en 1539 (1). Si le débiteur faisait défaut, l'écriture était tenue pour reconnue, et emportait hypothèque du jour de la sentence ; s'il paraissait, du jour de la dénégation mal fondée ; les frais étaient à sa charge dans les deux cas. Seulement si le débiteur reconnaissait franchement sa signature, les frais devaient être supportés par le créancier. L'hypothèque qui résultait du jugement de reconnaissance était générale et portait sur tous les biens présents et à venir

---

(1) Cf. sur les précédents, un article de M. Vallette. *Revue étrangère et française*, 1849, t. VI, p. 918.

du débiteur, comme d'ailleurs l'hypothèque résultant de tout acte authentique.

Cependant, à cause des abus qui s'introduisirent dans les demandes en reconnaissance formées avant l'échéance du terme, une déclaration du 2 janvier 1717 décida que désormais les jugements, rendus avant l'échéance des billets à ordre et lettres de change, ou autres billets et promesses passés pour faits de commerce ou marchandises, ne pouvaient produire aucune hypothèque sur les biens du débiteur (1).

La faculté pour le créancier à terme d'agir en reconnaissance d'écriture fut maintenue par le droit intermédiaire (loi du 9 messidor, an III, art. 10, et du 11 brumaire, an VII, art. 3). L'hypothèque judiciaire résultait toujours du jugement, et la restriction, apportée par la déclaration de 1717, s'était trouvée abrogée. Seulement la dernière des lois citées restreignait (art. 4) la généralité de l'hypothèque aux biens appartenant au débiteur lors du jugement.

Le code civil a conservé au créancier à terme le droit d'agir en reconnaissance de signature; le code de procédure en a réglé l'exercice (art. 1324, 2123, C. civ., et 193 et seq., C. proc. civ.). Ce droit constitue un avantage d'autant plus grand pour le créancier que les moyens de preuve dont il dispose aujourd'hui pour établir la sincérité du titre, pourraient s'affaiblir et même disparaître avec le temps. En outre, le jugement consolide tellement son titre que

(1) Voy. *Recueil* de Jousse, III, p. 64, et surtout les motifs de la déclaration.

le débiteur ou ses ayants cause ne peuvent le méconnaître qu'en s'inscrivant en faux (art. 214, pr. civ.), ce qui est bien dangereux. Un autre avantage résulte pour le créancier de l'action en reconnaissance de signature ; il consiste à obtenir, quelle que soit l'attitude du débiteur, une hypothèque générale sur tous ses biens. L'art. 2123, en effet, qui développe les mots actes judiciaires de l'art. 2117, ne permet aucune distinction : « L'hypothèque résulte aussi des reconnaissances ou vérifications faites en jugement des signatures apposées à un acte obligatoire sous seing privé. » Ce résultat est contraire à la volonté du débiteur dont les biens sont grevés d'une hypothèque qu'il n'a pas voulu concéder, et cela sans qu'il y ait aucune faute à lui reprocher. L'inscription prise pour la rendre efficace porte une grave atteinte à son crédit, et la prohibition d'hypothéquer les biens à venir peut se trouver violée, puisque l'hypothèque, résultant de la demande en reconnaissance, grève tous les biens présents et futurs du débiteur. Enfin, il y a pour le créancier une faveur d'autant plus excessive, qu'il sera mieux traité qu'un créancier muni d'un titre authentique ; celui-ci, en effet, bien qu'il n'ait pas, comme l'autre, suivi la foi du débiteur, ne peut jamais obtenir une pareille garantie avant l'échéance du terme.

Tels sont les inconvénients nombreux qui résultent de cette reproduction maladroite des traditions de l'ancien droit sur l'hypothèque générale, et dont on avait pu se dégager relativement aux actes authentiques. Une loi postérieure au Code (3 septembre

1807) a essayé de remédier à quelques-uns de ces inconvénients, mais le remède n'est pas assez radical ; il l'eût été davantage si on avait étendu aux matières civiles les dispositions de la déclaration de 1717. La loi de 1807 décide dans son art. 1ᵉʳ que le créancier qui a agi en reconnaissance d'écriture ne peut inscrire l'hypothèque qu'à défaut de payement à l'échéance. Le seul effet de cette réforme est de protéger le crédit du débiteur, encore ne se produira-t-il pas toujours, puisque le législateur de 1807 permet aux parties de déroger par une clause spéciale à la règle qu'il vient de poser. Il leur ouvre ainsi la faculté de créer par convention des hypothèques générales, ce qui est interdit en principe (art. 2129). Il laisse subsister la bizarrerie que nous avons signalée entre la situation du créancier qui a un titre exécutoire, et celle du créancier qui a un acte sous seing privé. Car celui-ci peut toujours, avant l'échéance, agir en reconnaissance d'écriture, et le jour même où elle arrive prendre inscription, tandis que l'autre doit, pour poursuivre, attendre l'échéance. On lui a même contesté le droit d'obtenir par jugement une hypothèque judiciaire ; on s'est fondé sur ce qu'ayant un titre authentique il pouvait agir directement par voie d'exécution parée. Nous ne contestons pas son droit de recourir à la saisie ; mais s'il a intérêt à obtenir une hypothèque, nous ne voyons rien qui s'oppose à ce qu'il agisse dans ce but (1). L'art. 2 de la loi de 1807 s'occupe des frais occasionnés par l'action en

(1) Voy. Aubry et Rau, sur Zach., § 265, note 31, vol. II ; M. Bufnoir à son cours.

reconnaissance d'écriture. Nous nous contentons de le transcrire : « Les frais relatifs à ce jugement ne pourront être répétés que dans le cas où il aura dénié sa signature. Les frais d'enregistrement seront à la charge du débiteur tant dans le cas qui vient d'être parlé que quand il aura refusé de se libérer après l'échéance ou l'exigibilité de la dette. »

En pratique, pour diminuer les frais, les demandes en reconnaissance de signature sont souvent portées devant les juges de paix. Les décisions rendues alors emportent hypothèque, quelles que soient les sommes contenues dans les actes. Telle est au moins l'opinion consacrée par la jurisprudence (1), et fondée sur l'art. 7, proc. civ., qui permet aux parties d'étendre la compétence des juges de paix. Elle a été combattue par plusieurs auteurs qui veulent restreindre l'application de l'art. 7 et invoquent pour cela les art. 2127 et 2129 (2).

Parmi les actes conservatoires permis au créancier à terme, on peut encore ranger : 1° la faculté de provoquer les mesures nécessaires pour pourvoir à l'administration des biens du débiteur présumé absent (art. 112) ; 2° le droit de requérir la convocation d'un conseil de famille pour procéder à la nomination d'un tuteur au débiteur, ou à sa destitution s'il s'est immiscé dans la gestion sans remplir certaines formalités (art. 406-421) ; 3° le droit de provoquer l'apposition des scellés, ou d'y former oppo-

---

(1) *Voy.* les mêmes. *loc. cit.,* note 26, et M. Bufnoir, *eod.*

(2) *Voy.* M. Valette, *loc. cit.,* p. 973, 974 ; Bonard et M. Colmet Daage, t. 1, n° 618.

sition afin de conserver les biens du débiteur décédé (art. 820-821); 4° celui de demander la séparation des patrimoines (878 et 2111), d'intervenir au partage (865) et de l'attaquer quand il est fait au préjudice d'une opposition de sa part (art. 882).

— Le terme ne s'oppose pas à ce qu'un créancier requiert la déclaration de faillite de son débiteur. L'art. 440, Code com., ne distingue pas entre les créanciers purs et simples, et ceux dont les droits sont ajournés. Il ne devait pas distinguer ; car ils ont les uns et les autres leur gage à sauvegarder ; le créancier à terme a comme tout autre intérêt à ce que la fortune de son débiteur ne soit pas absorbée par des remboursements, des transactions qui n'auraient plus le caractère suffisant de bonne foi.

A ce motif, il ne faut pas ajouter celui que nous trouvons dans un arrêt de la Cour de Paris du 23 décembre 1831, et qui revient à dire que, par le fait de la faillite du débiteur, le créancier à terme devient pur et simple et peut dès lors, sans difficulté, provoquer le jugement déclaratif. Raisonner ainsi, ce serait mettre l'effet avant la cause, puisqu'aujourd'hui c'est le jugement seul qui produit l'exigibilité. « Toutefois, l'on peut dire que la faillite, influant sur la capacité du failli, et sur la position des créanciers, surtout celle du créancier à terme, nul n'est plus intéressé que lui à la prompte exécution d'une loi au prescrit de laquelle le débiteur s'est soustrait en ne faisant pas sa déclaration au greffe. » D'ailleurs, en requérant la déclaration de faillite, il n'agit pas uniquement dans son intérêt ; il travaille pour l'avantage légitime de la masse, et la loi qui, dans des vues d'ordre public, impose aux tribunaux l'obligation de déclarer la faillite même d'office, doit accueillir avec faveur sa demande, puisqu'elle a pour effet de provoquer leur attention et solliciter leur examen (1).

— Lorsqu'il s'agit d'une obligation de donner un corps certain, le terme retarde-t-il la translation de propriété qui s'opère aujourd'hui par le seul effet des conventions (arg., art. 1138-938)? Si l'on prenait dans leur sens le plus naturel les mots de l'art. 1138 : *dès l'instant où elle a dû être livrée*, on arriverait à distinguer les obligations à terme des obligations immédiates, et à dire que dans les premières la translation de propriété n'a lieu qu'à l'échéance. Mais cette explication n'est pas admissible, d'abord parce qu'elle dénature les effets du terme; car s'il n'empêche pas la convention de produire *ex nunc* une obligation (art. 1185), il ne doit pas plus l'empêcher d'opérer la translation de la propriété. En outre elle contredit l'art. 1583 qui admet l'acquisition par l'acheteur avant toute livraison; enfin comme dans l'art. 1138 les mots cités régissent la mutation de propriété et la question des risques, s'ils signifient après l'échéance du terme, il faut en conclure que avant le terme le risque est pour le débiteur; et cette conclusion est directement contraire à l'art. 1302 qui, s'occupant spécialement de la question des risques, ne fait aucune distinction entre les obligations ajournées et les obli-

____

(1) Cf. M. Demangeat sur Bravard, p. 56, note 3, vol. V, auquel ces explications ont été empruntées pour le fond et en grande partie pour la forme.

gations pures et simples. Pour ces diverses raisons la plupart des auteurs refusent d'entendre les mots : dès l'instant... avec leur sens naturel; mais ils ne sont pas d'accord sur celui qu'on doit leur donner, les uns proposent de lire : *dès l'instant où la livraison a été due;* les autres : *dès l'instant où la livraison est censée faite.* Nous ne nous arrêterons pas à discuter laquelle vaut mieux de ces deux traductions dont la différence n'a pas grand intérêt au point de vue qui nous occupe.

Si *pendente die* le corps certain, objet de l'obligation, vient à périr par cas fortuit, la perte est pour celui à qui il devait être remis (art. 1302-1138). Le débiteur est libéré par application de la règle : *debitor certæ rei interitu liberatur.* Il en est de même quand le contrat est synallagmatique et engendre des obligations réciproques; non-seulement le débiteur du corps certain est libéré, mais il peut même exiger de l'autre partie l'exécution de son obligation ; c'est ce que l'on exprime en disant que la chose est aux risques du créancier.

Des auteurs pensent (1) que la disposition de l'article 1138 touchant les risques est la reproduction de la règle romaine qui avait passé dans notre ancien droit et avait pour fondement la maxime *res perit creditori.* D'après l'opinion de ces auteurs, si les parties dans des hypothèses rares mais non irréalisables, retardent par une clause formelle la mutation de la propriété jusqu'à une certaine époque, les risques se-

___

(1) M. Colmet de Santerre, *Oblig.,* V, n° 58 *bis,* IV.

ront néanmoins à la charge du créancier aussitôt la formation du contrat.

Cette solution est combattue par M. Labbé (1) qui soutient que le Code au lieu de reproduire la règle romaine *res perit creditori*, a consacré la règle *res perit domino*. Dans ce système l'obligation pour le créancier de supporter les risques est une conséquence de la translation de propriété; retarder l'une, c'est retarder l'autre et laisser temporairement les risques à la charge du débiteur. En faveur de cette manière de voir on peut invoquer d'abord le texte même de l'article 1138 qui révèle chez le législateur l'intention d'établir une corrélation entre ces deux faits : acquisition de la propriété par le créancier, et soumission de celui-ci aux risques. Cet argument est fortement corroboré par les paroles de Bigot de Préameneu (2) : « Ce n'est plus alors, dit-il, un simple droit à la chose qu'a le créancier, c'est un droit de propriété; si donc elle périt par force majeure ou par cas fortuit depuis l'époque où elle a dû être livrée, la perte est pour le créancier, suivant la règle *res perit domino*. »

On peut ajouter que des dispositions de notre code contiennent des applications de cette règle, et pour n'en citer qu'une nous rappellerons celle de l'art. 1867. Il résulte, en effet, de son alinéa 1er que la chose dont la propriété n'a pas été transférée est aux risques de l'associé qui l'a promise, puisque remise est faite aux autres de l'obligation de rester en société. Quand au

(1) Textes sur les risques, § 129, 3° fascicule.
(2) Exposé des motifs, Locré, xii, p. 317, n° 33.

contraire la propriété a été transférée, le risque la suit et passe avec elle aux coassociés qui ne peuvent plus se retirer (art. 1867, al. dernier) (1). Le législateur en écrivant l'art. 1867, al. 1, a dû évidemment se référer à des hypothèses spéciales, dans lesquelles la translation de propriété n'a pas lieu par le seul effet du contrat de société : or, tel est le cas (qui a rapport à notre sujet), où il a été convenu que la société ne commencerait qu'à une certaine époque. Si la règle *res perit creditori* avait été maintenue, il est probable que même dans cette hypothèse on aurait décidé que les choses étaient aux risques de tous, puisque chacun acquérait un droit de créance sur les objets promis par ses futurs coassociés. La solution donnée dans ce cas, jointe aux raisons que nous avons précédemment rappelées, nous semble démontrer suffisamment que le principe *res perit domino* a remplacé chez nous la règle *res perit creditori*.

II. Après avoir vu les effets du terme du côté actif, examinons ceux qu'il produit du côté passif. Le principal est, nous l'avons déjà dit, de retarder l'exécution de l'obligation et d'empêcher toute poursuite avant l'échéance (art. 1186); mais, bien que le débiteur ne puisse être poursuivi, ne peut-il pas, au moins, forcer le créancier à recevoir et lui faire des offres (art. 1258, 5°)? Il faut distinguer : le terme a-t-il été stipulé uniquement en sa faveur pour lui permettre de trouver les fonds, de prendre les mesures nécessaires au payement de la dette, rien ne

(1) *Voy.* la discussion de cet article, Locré, XIV, p. 519, n° 10.

s'oppose à ce qu'il exécute pour se libérer malgré le créancier : car on est toujours maître de renoncer aux avantages auxquels on a seul droit (1). Le terme a-t-il été stipulé en faveur du créancier, il n'en est plus de même, et, par des offres anticipées, le débiteur ne peut le mettre en demeure de recevoir (art. 1258, 4°).

En matière civile, la règle est que le terme est toujours présumé stipulé en faveur du débiteur (art. 1187) ; l'exception, qu'il l'est en faveur du créancier. Cette exception résulte soit de la nature du contrat, comme dans le dépôt (art. 1944), soit de la convention, expressément ou tacitement : expressément, lorsque, par exemple, il est dit que le débiteur ne peut rembourser avant le terme fixé ou avant l'expiration d'un certain délai, qui suivra l'avertissement qu'il donnera au créancier, clause très-usitée dans les constitutions de rente ; tacitement, quand il résulte de la convention que le terme a été ajouté autant dans l'intérêt du créancier que dans celui du débiteur. Telle est la nature de la modalité qu'affecte un prêt à intérêt fait pour un certain temps. En retardant la restitution du capital le prêteur manifeste l'intention de faire produire à son argent des intérêts jusqu'à l'échéance du terme et de ne pas avoir à s'occuper d'un nouveau placement avant cette époque. C'est en ce sens qu'on peut dire que le terme a été stipulé en sa faveur. On ne peut donc reconnaître à l'emprunteur le droit d'effectuer

(1) Exemple d'une renonciation au *terme*, Dijon, 24 novembre 1867 ; Dal. 68, 2, 85.

un remboursement anticipé, si le créancier refuse de recevoir, quand même il ajouterait au capital les intérêts jusqu'au jour du payement.

En est-il de même, s'il offre les intérêts jusqu'au terme ?

La raison de douter vient de ce que le prêteur retirerait du terme tout l'avantage qu'il devait espérer, puisqu'en attendant l'échéance il ne pourrait obtenir plus. Toutefois on soutient qu'il n'est pas forcé de recevoir et on l'admet à demander que le débiteur respecte la stipulation relative au terme. Car, dit-on, le créancier pourrait éprouver un préjudice résultant de l'obligation de garder un capital dont il ne devait disposer qu'au terme fixé par la convention ; d'un autre côté, il peut ne pas vouloir être soupçonné de recevoir plus qu'il ne lui est dû. Tout en reconnaissant que cette hypothèse se présente rarement, nous pensons que le créancier est libre de refuser le payement anticipé.

Quelquefois les circonstances indiquent que le terme a été stipulé en faveur du créancier. Ainsi quand un métayer achète à l'automne des bœufs qui ne doivent être livrés qu'au printemps, le vendeur ne peut le contraindre à les recevoir avant cette époque : car il s'est engagé à les nourrir pendant l'hiver. On trouve en pratique des hypothèses analogues mais avec des termes plus rapprochés dans les achats que font les bouchers pour les besoins de leur commerce.

Quand un testateur dispose qu'un legs sera payable à la majorité du légataire, dans la crainte que son tuteur n'en dissipe le montant, le terme est ajouté dans l'intérêt unique du légataire et par le payement anticipé fait au tuteur l'héritier n'est pas libéré, si celui-ci devient insolvable. Le report du payement à la majorité ne suffit pas pour qu'il en soit ainsi ; il faut des circonstances révélant chez le testateur l'intention que l'objet du legs ne soit pas livré au tuteur (1).

En matière commerciale la formule de l'ar. 1187 est renversée ; la règle est que le terme est stipulé dans l'intérêt du créancier et du débiteur ; l'exception qu'il est stipulé dans l'intérêt unique du débiteur. Déjà dans l'ancien droit ces principes étaient admis pour « les lettres de change payables au porteur ou à ordre. Les déclarations de septembre 1713 et de février 1714 décidaient que les débiteurs ne pourraient obliger les porteurs d'en recevoir le payement avant l'échéance « avant ce même dixième jour préfixe après l'échéance » (2). Ces dispositions ont été reproduites pour la lettre de change par l'art. 146, Cod. com. : « le porteur d'une lettre de change ne peut être contraint d'en recevoir le payement avant l'échéance, » et pour le billet à ordre par l'art. 187 qui renvoie au premier. Peut-être faut-il les étendre à toutes les promesses et obligations relatives au commerce, car on peut dire que l'intention des commerçants lorsqu'ils font des opérations à terme est d'être payés à des époques certaines pour lesquelles ils ont besoin et se tiennent prêts. Les contraindre à recevoir

(1) En ce sens, arrêt 17 mai 1859, Sirey, 60, 1, 462.
(2) *Recueil* de Jousse, 11, 514.

avant ces époques ce serait aller contre leur intention et les exposer à un préjudice. Aussi décide-t-on
généralement que le débiteur ne peut anticiper le
payement s'il ne prouve qu'il a été dérogé à cette
règle, que le terme a été stipulé dans l'intérêt des
deux parties.

— Il va sans dire que si le créancier et le débiteur
sont d'accord l'un pour recevoir le payement, l'autre
pour l'effectuer, rien ne s'oppose à sa validité et à la
libération du débiteur. Cependant si, comme nous le
pensons, ce payement ne peut jamais être critiqué
par le débiteur, il pourra quelquefois l'être par ses
ayants cause. Ainsi quand il s'agit d'un commerçant
la masse de ses créanciers est admise à demander
la nullité du payement anticipé, fait depuis la cessation de payements et même dans les dix jours qui précèdent (art. 446, Code com.). Quand l'anticipation
cause un préjudice aux autres créanciers, il faut appliquer le principe posé dans les lois 10, 12, *quæ
in fraude*, et 17, 2 (xlii, 8), et décider que l'*accipiens*
(créancier) sera tenu de restituer au moins l'*interusurium*, pourvu qu'il y ait fraude de la part du *solvens*
(débiteur), si l'on admet que le préjudice seul ne suffit
pas pour donner ouverture à l'action Paulienne contre
les renonciations du débiteur.

Enfin quand le terme est très-éloigné, et que la
jouissance de la chose eût procuré un bénéfice appré-
ciable au débiteur, il faudra peut-être voir dans la
renonciation à ce terme une libéralité déguisée, soumise au rapport et à la réduction (art. 843 et 920).

Nous avons supposé jusqu'ici que le payement an-

ticipé a été fait par le débiteur en connaissance de
cause; il est évident qu'alors toute répétition doit lui
être interdite (1). En est-il de même lorsqu'il a agi par
erreur, sans savoir qu'il jouissait d'un terme? Cette
question est très-controversée : et tandis que certains
auteurs veulent restreindre le dernier alinéa de l'article 1186 à la première hypothèse, d'autres proposent de l'étendre à la seconde. En faveur de la première opinion on dit que le débiteur a payé trop en
payant trop tôt, qu'il y a indu, que le créancier a
profité indûment de la jouissance depuis le payement
prématuré, et qu'il doit réparer le tort, éprouvé par
le débiteur, « en lui remettant la chose ou en lui
payant l'intérêt ou le loyer pour le temps de la
jouissance indue. » On écarte l'art. 1186 en disant
qu'il a été emprunté à un passage de Pothier (2), qui
refusait toute répétition même en cas d'erreur, mais
que ce passage n'était lui-même qu'une reproduction
irréfléchie des lois romaines, dans lesquelles cette
disposition était une conséquence du caractère strict
de la *condictio indebiti*. On en conclut que cette conséquence ne peut être maintenue sous le Code civil,
qui ne connaît plus les actions *stricti juris*, et d'après
lequel les conventions doivent être exécutées de bonne
foi. Or, n'est-il pas équitable et conforme à la bonne
foi que le débiteur soit restitué contre son erreur, et
qu'elle ne profite pas au créancier?

On invoque enfin un argument tiré de la discus-

---

(1) Art. 1186..., ce qui a été payé d'avance ne peut pas être
répété.

(2) *Obligations*, n° 230.

sion (1), où il est dit que « si la dette a été acquittée avant l'échéance, le débiteur a *librement* et d'avance satisfait à son engagement... il ne serait pas juste de l'autoriser à répéter. » De là on conclut que dans la pensée des rédacteurs du Code l'impossibilité de répéter ne devait exister que quand le débiteur aurait agi *librement*, c'est-à-dire en connaissance de cause (arg. art. 1235) (2).

Quoi qu'il en soit, nous pensons avec notre savant maître M. Colmet de Santerre (3), qu'il faut s'en tenir à la lettre de l'art. 1186 qui ne fait aucune distinction, et refuser l'action en répétition au débiteur qui a payé même par erreur avant l'échéance du terme. Outre le texte de l'art. 1186, on peut invoquer en faveur de cette opinion l'autorité de Pothier. La réfutation qu'on donne de cet argument dans le premier système nous paraît d'autant moins admissible que si Pothier a reproduit la théorie romaine, il a pu être déterminé non par les mêmes raisons, mais par des motifs différents fondés sur des considérations pratiques, qui ont dû amener la consécration de la doctrine par le Code. Car, si en théorie pure quand on reçoit avant le terme, on reçoit trop, il serait dans la plupart des cas impossible de déterminer l'avantage réalisé par le créancier et qu'il doit restituer. L'obliger à une restitution, ce serait l'exposer aux dangers d'une appréciation arbitraire, et souvent lui causer

(1) Rapport de Bigot de Préameneu ; Locré, XII, p. 343, n° 72.
(2) *Voy.* Marcadé, V, n° 572 et 573 ; Mourlon, répét. écrites, II, p. 626. Cf. Duranton, XI, n° 243.
(3) *Obligations*, V, sur l'art. 1186, n° 103 *bis*, II, dont nous avons reproduit les idées souvent dans la même forme.

un préjudice pour protéger les intérêts du débiteur qui peut être en faute de ne pas s'être fait représenter le titre. S'agit-il en effet, d'une somme d'argent, si on le force à la rendre, on peut lui nuire considérablement s'il l'a dissipée ou employée, et qu'il lui soit difficile de trouver les fonds nécessaires à la restitution. Si on se contente d'exiger l'*interusurium* il pourra encore en être de même, quand par exemple il aura avec la somme reçue payé une dette improductive d'intérêts pour laquelle il jouissait d'un terme. S'agit-il d'un corps certain ou d'une quantité, la même difficulté subsiste pour déterminer le profit du créancier. On ne peut prétendre qu'il est en faute d'avoir reçu avant le terme, surtout s'il ignorait et même s'il savait que le terme n'était pas arrivé. En effet, ou le débiteur a un double du titre, et le créancier peut légitimement supposer qu'il connaît le terme et qu'il veut user de son droit d'anticiper le payement ; ou le créancier a seul le titre, et comme le débiteur n'en demande pas la représentation, n'est-il pas encore en droit de faire la même supposition? Il n'y a donc aucune faute à lui reprocher de n'avoir pas prévenu le débiteur. L'argument que dans le premier système on tire de la discussion me paraît d'autant moins concluant, que le mot *librement* prononcé par le rapporteur peut être entendu comme synonyme de *sans poursuite,* sans demande de la part du créancier.

Lorsque la somme payée est le montant d'un billet qui comprend le capital et les intérêts, le débiteur qui l'acquitte avant l'échéance doit être admis à réclamer la portion des intérêts correspondant au

temps qui reste à courir. Car alors on peut dire qu'il
y a véritablement indu pour une partie de la créance.

— Pour terminer avec les effets du terme du côté
passif, il nous reste quelques mots à ajouter sur la
situation du tiers acquéreur d'un immeuble hypothéqué. S'il veut purger, il le peut, s'il préfère attendre, il jouit des délais stipulés, ou accordés par le
juge, et ne peut être contraint de payer ou de délaisser avant l'échéance. Telle est la solution qui paraît consacrée par l'art. 2167 et qui est fondée sur
ce qu'étant substitué au débiteur le tiers acquéreur
doit jouir des mêmes prérogatives. C'est donc à tort
que des auteurs (1) proposent une distinction d'après
laquelle le tiers détenteur ne jouirait pas du terme de
grâce. Car, dans cette opinion, qui a contre elle le
texte de l'art. 2167, l'aliénation améliorerait la position du créancier dont l'action était suspendue ; de
plus le terme de grâce ne produirait pas tout son
effet en faveur du débiteur ; les poursuites recom-
menceraient de la part du tiers détenteur, qui obligé
de payer ou de délaisser, agirait en garantie. Sans
doute, un nouveau délai pourrait être concédé au débiteur, mais il n'en aurait pas moins été privé du délai
primitif pour une cause non prévue par l'art. 124,
proc., qui règle la déchéance du terme de grâce (2).
Pour ces diverses raisons, nous pensons qu'il vaut
mieux appliquer l'art. 2167 dans sa généralité.

Mais le tiers détenteur peut renoncer au bénéfice

(1) Duranton, xx, n° 223.
(2) *Voy.* Aubry et Rau sur Zachar., 277, note 1. Pont. *Priv. et
hyp.*, n° 1131.

du terme ; il le fait lorsqu'il a recours à la purge, parce qu'alors il doit déclarer qu'il est prêt à acquitter toutes les dettes exigibles ou non (art. 2184). Il y a là une dérogation à l'art. 30 de la loi du 11 brumaire, an VII (art. 30, § 3), d'après laquelle l'acquéreur devait déclarer qu'il acquitterait sur-le-champ les dettes échues et les dettes à échoir dans les mêmes termes et de la même manière qu'elles avaient été constituées. Cette réforme a été apportée au système de la loi de brumaire pour faire cesser l'embarras résultant de ce que tout créancier à terme pouvait s'opposer à la collocation d'un créancier postérieur, dans la crainte de ne plus trouver, si le bien diminuait, une sûreté suffisante pour le recouvrement de sa créance (1).

Des mots *sur-le-champ* de l'art. 2184, on a conclu que, pour purger, le tiers détenteur doit renoncer au terme qu'il a stipulé de son vendeur. Cette renonciation est présumée et produit ses effets définitifs une fois que la procédure de purge a suivi son cours sur les offres où l'acquéreur ne distinguait pas dans le prix la portion exigible de l'autre (2). On a même jugé que la notification était nulle et ne faisait pas courir contre les créanciers le délai pendant lequel ils pouvaient surenchérir, lorsque l'acquéreur ne s'obligeait à les payer qu'aux termes fixés par le contrat de vente.

La solution ne devrait pas être différente s'il était convenu que le prix payable à terme ne produirait

(1) Locré, XVII, p. 291.
(2) Cassat., 4 novemb. 1863 ; Sirey, 64, 1, 121.

pas d'intérêts. Cette convention, intervenue entre le vendeur et l'acheteur, ne peut être opposée aux créanciers inscrits sur l'immeuble, et l'offre de payer au délai fixé ne saurait être considérée comme une exécution suffisante de la formalité de l'art. 2184. Nous pensons aussi que, dans cet hypothèse, l'acquéreur ne peut demander qu'on lui tienne compte des intérêts dont il a été dispensé. Car s'il veut conserver le bénéfice du terme, il n'a qu'à ne pas purger, il peut délaisser s'il est poursuivi ; mais une fois qu'il s'est décidé à purger, il doit supporter les conséquences de son choix, dont l'une est de le priver du bénéfice du terme, et de l'obliger au payement du prix comme s'il était échu. En outre, le créancier ne reçoit que ce qui lui est légitimement dû, et on ne peut lui faire subir une réduction en vertu d'une convention passée entre le vendeur et l'acquéreur (arg., art. 1165). Il est vrai que, par la stipulation de non-intérêts, il a songé à une diminution de prix, et que, s'il avait su ne pouvoir bénéficier du terme, il aurait payé moins cher. Mais cette considération d'équité ne doit pas prévaloir parce qu'il pouvait, à l'aide du registre des inscriptions, se renseigner sur la situation de l'immeuble.

SECTION II.

De l'échéance du terme.

' Sauf les causes de déchéance dont nous aurons à nous occuper plus tard, le créancier doit, pour intenter valablement son action, attendre l'échéance du terme de droit ou de grâce. Il n'est donc pas sans intérêt de donner quelques détails sur l'époque où en général le terme est réputé échu.

En principe, le jour de l'échéance n'est pas compris dans le terme ; car, avant que ce jour soit écoulé, on n'est pas certain que le débiteur n'aura pas exécuté l'obligation. Le créancier ne pourra donc agir que le lendemain. Ainsi, quand on promet 100 pour le 1er août, l'action du créancier est suspendue jusqu'au lendemain.

Il y a plus de difficulté lorsque le terme n'est pas déterminé d'une manière aussi précise, comme, par exemple, dans dix jours, dans un mois. Si on compte le *dies a quo*, le billet sera exigible le 11, sinon le 12. Cette différence peut avoir une certaine importance pour l'application de l'art. 146, Code com. En pratique, on ne le compte pas à moins que les parties n'aient dit d'aujourd'hui en quinze ; car alors, dans leur pensée, le délai n'est plus de quinze mais de quatorze jours. D'ailleurs, dans la première hypothèse, pour accorder exactement un délai de dix jours, on aurait dû, si l'on avait voulu tenir compte du *dies a quo*, comprendre seulement l'intervalle qui sépare l'époque précise de la promesse et la fin du jour. Mais cette supputation de *momento ad momentum* eût donné lieu à des difficultés que le législateur a voulu éviter ainsi que le prouve l'art. 2260.

Une autre difficulté s'élève sur la supputation des mois à cause de leur durée variable. Toutefois, nous pensons que, pour se conformer à l'intention des parties, le mieux est de compter le mois civil et non le mois astronomique. Car c'est aux mois civils que les parties entendent se référer, d'autant plus qu'elles ne connaissent pas les autres. Ainsi, quand le 1er février un débiteur promet de payer dans un mois, le terme est échu le 2 et non pas le 1er mars, le créancier ne peut agir que le 2 mars. On a proposé de compter tous les mois pour 30 jours, ou pour 31 si le terme est favorable, 30 s'il ne l'est pas. Ces modes de calcul doivent être repoussés comme trop arbitraires. En faveur de celui que nous avons indiqué, nous rappellerons la disposition de l'art. 132, Code com., d'après laquelle on compte les mois tels qu'ils sont fixés par le calendrier grégorien. Rien ne s'oppose en effet à ce que cette disposition soit appliquée à d'autres engagements que les lettres de change et les billets à ordre, puisqu'elle est conforme à la raison et à la nature des choses.

Quand le terme est laissé à l'appréciation du débiteur, comme dans la promesse, quand il voudra, la créance est exigible aussitôt que, sans pouvoir manifester l'intention d'exécuter, il ne peut manifester l'intention contraire, c'est-à-dire au moment de son décès. L'exécution peut donc être poursuivie contre les héritiers du débiteur, lors même que de son vivant il n'aurait pas fixé de jour pour l'effectuer. Il n'y a pas à tenir compte aujourd'hui de la distinction que faisait Paul dans la loi 46, § 2, *Verb. Oblig.*, et que Pothier (1) repoussait déjà, mais pour assimiler cette obligation à la promesse *si voluero* et l'annuler à tout événement. Nous croyons plutôt qu'on doit toujours la valider pour faire produire un effet à la convention (art. 1157) et admettre que le débiteur pourra perdre le bénéfice de ce terme indéfini pour une des causes énumérées dans l'art. 1188 (2).

— Après ces notions un peu succinctes sur l'époque à laquelle on peut dire que l'échéance est arrivée, examinons-en les effets. Les principaux sont de rendre possible l'action du créancier et de lever l'obstacle qui s'opposait à la compensation. Le créancier n'est pas tenu d'agir à l'échéance, sauf ce que nous verrons en matière de lettre de change. Il peut, par égard pour son débiteur, lui accorder un nouveau terme, et si la dette est garantie par des cautions, cette prorogation de terme ne les libère pas. Telle est la décision consacrée par l'art. 2039, et qui, du droit romain où elle était admise pour les fidéjusseurs ordinaires, avait fini par passer dans notre ancienne législation après de longues controverses entre les auteurs (3). Pour la justifier, on dit que la prorogation de terme a lieu

(1) *Obligations*, n° 46, al. 2.
(2) Cf. Paris, 14 mai 1857; Sirey, 58, 2, 425.
(3, Pothier, *Oblig.*, n° 407, et M. Troplong, *du Cautionnement*, n° 374 et 375.

autant dans l'intérêt des cautions que dans celui du débiteur, en ce sens qu'en facilitant à celui-ci les moyens d'exécuter l'obligation, elle rend moins probables les poursuites subsidiaires que le créancier exercerait contre elles ; on ajoute que l'existence d'une garantie ne peut avoir pour effet de rendre le créancier plus sévère à l'égard de son débiteur. Il est naturel que l'insolvabilité de celui-ci, survenue pendant le terme prorogé, ne libère pas les cautions ; car, en écrivant l'art. 2037, le législateur a dû prévoir l'hypothèse où le débiteur deviendrait insolvable pendant la prorogation ; car ce n'était qu'en vue de cette circonstance, ouvrant son recours contre les cautions, qu'il était important de régler ses droits contre elles. Toutefois, la loi leur réserve plusieurs moyens de se soustraire aux conséquences de cette insolvabilité ; elle leur permet, par exemple, de poursuivre le débiteur pour le forcer au payement et leur procurer leur libération.

Quand à l'échéance, le créancier s'abstient de toute poursuite contre le débiteur, son inaction doit à l'égard des cautions produire les mêmes effets que la prorogation de terme prévue par l'art. 2039. Elle ne leur fournit aucune exception pour repousser l'action du créancier, lors même que depuis l'échéance, le débiteur étant devenu insolvable, tout recours contre lui serait inefficace. C'est en vain que les cautions prétendraient voir, dans le retard apporté par le créancier à diriger les poursuites, une cause pouvant empêcher la subrogation à ses droits et entraîner leur libération par application de l'art. 2037. Car si cet article doit s'appliquer aux faits de négligence (*in omittendo*, ce qui est contesté), il faut au moins que la négligence porte sur un acte que le créancier est tenu d'accomplir. Or, la poursuite du débiteur à l'échéance n'est point un de ces actes. L'inaction du créancier, quelque prolongée qu'elle soit, ne peut donc constituer qu'une simple prorogation de terme. D'ailleurs, si les cautions redoutent l'insolvabilité future du débiteur principal, elles peuvent ou payer le créancier et exercer son recours contre le débiteur (1251-3°), ou agir contre celui-ci pour obtenir leur décharge ou des sûretés destinées à garantir l'efficacité de leur recours ultérieur (art. 2032, alin. 4-2039). La question a été résolue en ce sens par la Cour suprême, qui cassa un jugement du tribunal de Périgueux du 28 juillet 1859, et par la cour de Nancy, dont l'arrêt est ainsi motivé (1) : « Attendu que quelque longue qu'ait été la durée du silence du créancier et de son inaction, elles ne constituent rien autre chose qu'une simple prorogation de terme prévue par l'art. 2037 et amnistiée par lui ; que si l'insolvabilité du débiteur tourne contre le demandeur, cette circonstance est loin d'être favorable à sa cause, puisqu'elle place la créancière dans la position en vue de laquelle le cautionnement a été exigé ; que si l'appelant considérait les lenteurs de l'intimé comme préjudiciables à ses intérêts, les art. 2039 et 2032, alin. 4,

(1) Cassat., 8 mai 1861 ; Sirey, 61, 1, 582 ; Nancy, 13 avril 1867, Sirey, 68, 2, 81, 3° cahier. Cet arrêt tranche, dans le sens que nous avons admis dans une position, la question de l'influence de la séparation des patrimoines sur la division des dettes.

lui fournissaient un moyen de les faire cesser par une poursuite immédiate en payement ou en indemnité. »

On a même jugé (1) que le renouvellement de billets négociables, garantis par un cautionnement, était à considérer comme une prorogation de terme, plutôt que comme une novation de nature à entraîner l'extinction de la dette et partant la libération des cautions (art. 1281).

En matière de lettre de change, le créancier porteur de l'effet au jour de l'échéance n'est pas libre d'agir quand bon lui semble. Cette dérogation au droit commun se justifie par les nécessités du commerce; on n'a pas voulu que les endosseurs, si rigoureusement tenus par leurs signatures, fussent trop longtemps exposés à l'action du créancier. Si donc le porteur ne s'est pas présenté à l'échéance ou dans les trois mois, quand la lettre est à vue, il est exposé à certaines déchéances tant à l'égard du tireur qu'à l'égard des endosseurs, mais surtout à l'égard de ces derniers, car il n'y a pas à distinguer s'il y a oui ou non provision. Ne pouvant entrer dans l'examen détaillé de ces déchéances, nous nous contentons de renvoyer aux art. 117, alin. 2 et 3, 160, 161, 170, 171, C. com.

— La seule échéance du terme ne constitue pas le débiteur en demeure; il faut de plus une interpellation, qui se manifeste soit par une sommation, soit par une citation en justice ou un commandement.

(1) Cass., 16 juin 1846; Sirey, 46, 1, 440.

Tant que le créancier n'a pas interpellé le débiteur, les risques restent à sa charge, et l'inexécution ne lui donne pas droit à des dommages-intérêts (art. 1139, art. 1138 *in fine*). La loi présume que le créancier qui a les moyens d'exiger son payement, et qui n'en use pas, ne tient pas à être encore payé. Elle ne considère pas la seule échéance du terme comme une manifestation assez énergique de l'intention contraire, d'autant plus que l'inaction du créancier peut être un piége tendu à la négligence ou à la confiance du débiteur ; car celui-ci peut légitimement croire qu'il n'est pas pressé, qu'il consent tacitement au retard.

Dans certains cas exceptionnels, la demeure du débiteur résulte de la seule échéance du terme. C'est ce qui arrive : 1° lorsque la loi consacre par une disposition spéciale le principe contenu dans la maxime: *Dies interpellat pro homine.* Nous en avons des exemples dans les art. 1657, 1378, 1379, 1881.

2° Lorsqu'il a été stipulé formellement que la mise en demeure résulterait de l'échéance du terme, sans qu'il fût besoin d'acte (art. 1139 *in fine*). Cet article consacre une innovation sur l'ancien droit, qui considérait de pareilles clauses comme purement comminatoires et ne dispensant pas de l'interpellation (1). Les expressions de l'art. 1139 n'ont rien de sacramentel ni d'exclusif, et les parties peuvent employer des mots équipollents. Il suffit que la dispense de toute mise en demeure à l'échéance résulte claire-

(1) Cf. Argou, *Institutions au droit civil*, liv. III, cap. XXVII, et Merlin, *Questions de droit*, au mot *emphytéose*, § 3, p. 236, où il qualifie une pareille décision d'attentatoire à la foi publique.

ment de la clause ajoutée au contrat. Lorsqu'il en est ainsi, les juges violeraient la loi du contrat, si, sans établir une dérogation à la convention, ils soumettaient le créancier « à la nécessité de faire des démarches préalables quand il en est dispensé par une stipulation positive maintenue dans toute sa force (1). »

3° Lorsque l'obligation ne pouvait être exécutée que dans un certain temps que le débiteur a laissé passer (art. 1146). Il y a de sa part une faute constitutive de sa mise en demeure, pourvu néanmoins qu'il ait su, soit par la nature du contrat, soit par une mention expresse ou par les circonstances, que la chose ne pouvait être faite ou donnée que dans un certain délai sous peine de dommage pour le créancier. Autrement, il pourrait avoir légitimement cru s'obliger dans des circonstances ordinaires où sa mise en demeure résulterait de l'interpellation.

Par application du principe consacré dans l'article 1139, la stipulation de peine est encourue non pas à l'échéance du terme, mais seulement à l'époque où le débiteur, mis en demeure d'exécuter l'obligation principale, n'a pas voulu ou n'a pas pu le faire. Telle est la décision de l'art. 1230, qui s'exprime ainsi : « Soit que l'obligation primitive contienne un terme dans lequel elle doive être accomplie, la peine n'est encourue que lorsque celui qui s'est obligé soit à livrer, soit à prendre, soit à faire, est en demeure. » Il n'y a pas à distinguer s'il est certain avant l'échéance du terme que l'obligation ne sera point exé-

(1) Cassat., 11 juin 1855; Sirey, 56, 1, 261.

cutée dans un délai. Le créancier ne peut demander
le payement de la peine, pas plus qu'il ne pourrait
demander les dommages-intérêts dont elle est la représentation le plus ordinairement (art. 1220).

Ce que nous avons dit s'applique aux obligations
qui consistent dans la prestation d'une somme d'argent. Les intérêts ne courent pas à la seule échéance
du terme à moins de convention contraire. Cela est
d'autant plus vrai que, pour les dommages-intérêts
dans ces sortes de conventions, la loi se montre plus
rigoureuse, puisqu'elle exige une demande en justice
(art. 1153).

Diverses questions peuvent s'élever sur les effets
du terme relativement aux intérêts : l'une d'elles
consiste à se demander si, quand un débiteur promet
payer à une certaine époque, avec des intérêts jusqu'à
l'échéance, ils continuent à courir après cette époque.
La négative nous paraît devoir être adoptée pour les
raisons suivantes : le débiteur n'a promis les intérêts
que jusqu'au terme ; la stipulation d'intérêts ne peut
s'étendre au delà de l'échéance ; l'obligation alors
devient une simple dette de somme d'argent, dans
laquelle les intérêts ne peuvent courir qu'en vertu
d'une demande en justice (1) (art. 1153-1904).

A l'inverse, on s'est demandé si dans la clause,
sans intérêts pendant le terme, on doit voir une stipulation conventionnelle suffisante pour faire courir
les intérêts à l'échéance. La question a été diver-

(1) Cassat., 10 septembre 1811; Collection nouv., Sirey, t. 3,
1re, 105; Bordeaux, 2 mai 1826, Sirey; 26, 2, 286. Cf. Pont, *Petits
contrats*, 1, p. 109, note 3.

sément résolue par la jurisprudence ; mais l'affirmative (1) semble devoir prévaloir.

SECTION III.

Déchéance du terme.

Lorsqu'un créancier concède un terme à son débiteur, et renonce ainsi au droit d'agir immédiatement,
c'est parce qu'il a confiance ou en sa solvabilité, ou
dans les sûretés qui lui sont données. Si donc le fondement de cette concession de terme disparaît, son
effet doit cesser, et avec lui tout obstacle à l'action
du créancier. Tel est le motif général de la déchéance du terme, motif que le tribun Favard a développé dans son rapport : « Quand, dit-il, le débiteur a fait faillite ou diminué les sûretés qu'il avait
données au créancier, il ne peut réclamer le bénéfice
du terme, juste sévérité dont on a de tout temps reconnu la sagesse. D'une part, le terme n'a été accordé qu'en faveur des sûretés qu'avait le créancier :
Quand sa confiance diminue par les diminutions des
causes qui l'avaient fondée, il faut que la loi le laisse

(1) En ce sens, Bourges, 11 juin 1825 ; Sirey, 26, 2, 220 ; Bordeaux, 28 mai 1832 ; Sirey, 32, 2, 626, dont les solutions peuvent
s'expliquer peut-être par l'addition du mot *seulement* à la clause
citée ; Toulouse, 19 janvier 1844 ; Sirey, 44, 2, 272. Cf. M. Pont,
loc. cit., note 2. En sens cont., Agen, 19 mars 1833, 33, 1, 553 ;
Bourges, 28 mai 1827, 29, 2, 193 ; qui semble restreindre sa décision au cas où des tiers sont intéressés, et supposer possible dans
ses motifs une autre solution entre les parties.

agir comme il aurait agi s'il n'avait pas eu sa sûreté tout entière au moment du contrat. D'autre part, quel ménagement mérite le débiteur en faillite? La loi ne peut jamais être trop rigoureuse à son égard, surtout s'il est de mauvaise foi (1). »

Le débiteur ne peut réclamer le bénéfice du terme quand il a par son fait diminué les sûretés par lui données ou fait faillite (art. 1188).

1re CAUSE. *Diminution des sûretés.* — Cette cause produit une déchéance spéciale et diffère en cela de la faillite. Elle n'a lieu que sous certaines conditions que nous allons rapidement examiner.

1° Il faut qu'il s'agisse de sûretés données par le contrat; car c'est sur elles que le créancier a particulièrement compté quand il a accordé un terme au débiteur; c'est par leur considération qu'il a consenti à ne pas le poursuivre immédiatement. Elles peuvent n'être pas contemporaines du contrat, mais il suffit, quand elles sont postérieures, qu'elles aient été données pour obtenir un nouveau terme ou une prorogation. Toute diminution des sûretés établies postérieurement au contrat par une sorte de libéralité est sans influence sur le terme

Aux sûretés stipulées par la convention on peut assimiler celles qui résultent du contrat lui-même, par l'effet seul de la loi, comme le privilège du vendeur d'immeubles, du copartageant, des architectes, maçons et entrepreneurs (2108, 2109, 2110).

(1) Locré, XII, p. 439, n° 64, *Exposé des motifs* de Bigot de Préameneu; Locré, *eod.*, p. 343, n° 74; adde Pothier, *Oblig.*, n° 234.

Les mots donnés par le contrat excluent l'hypothèque légale et judiciaire, qui existe sans la participation du débiteur. C'est donc à tort que M. Troplong (1) veut appliquer l'art. 1188 à l'hypothèque judiciaire « parce que, dit-il, elle s'obtient avec la participation du débiteur, et que l'on contracte en justice. » Car si dans l'opinion commune l'interprétation de l'art. 1188 est trop judaïque, l'assimilation faite par l'illustre magistrat du contrat judiciaire avec le contrat ordinaire est trop large, trop étendue : qu'est-ce en effet qu'un contrat où l'un des contractants est forcé d'accorder des garanties? D'ailleurs cette extension de l'art. 1188 aurait l'inconvénient de frapper d'immobilité tous les biens du débiteur, puisque l'hypothèque judiciaire grève tous ses biens présents et à venir.

L'art. 1188 n'est pas non plus applicable lorsque le débiteur diminue son patrimoine qui forme le gage commun de ses créanciers (art. 2092 et 2093). La raison est qu'il n'y a là qu'un gage imparfait qui ne prive pas le débiteur du droit d'administrer librement son patrimoine, et qui ne constitue pas une sûreté spéciale.

2° Il faut que le créancier ait pu légitimement compter sur les sûretés que lui donnait le débiteur. Car c'est alors seulement qu'il y a une corrélation entre la constitution des garanties et la concession d'un terme. Mais si lors de la convention le créancier connaissait les causes qui pouvaient diminuer ses sû-

---

(1) *Privilèges et hyp.*, n° 544, p. 388; t. II.

retés, il n'est pas autorisé à invoquer la déchéance de l'art. 1188. Tels sont les cas où les biens sur lesquels les sûretés sont données, sont indivis ou soumis à un droit de retour (art. 883, 952) ; telle est encore l'hypothèse où l'acheteur d'une forêt qui a stipulé un terme pour le payement du prix, s'est réservé le droit de la défricher. Bien que le partage, l'exercice du droit de retour, ou le défrichement puisse nuire au créancier ou au vendeur, le débiteur n'encourt pas la déchéance du terme, telle qu'elle est réglée par l'art. 1188.

3° Il faut que la diminution des sûretés ait lieu par le fait du débiteur. On doit entendre par là tout acte *d'omission* ou *de commission* qui lui est imputable. Ce serait à tort que l'on exigerait un acte *in committendo :* ici comme dans l'art. 2037 le mot fait comprend la simple négligence. Pour le prouver on peut tirer un argument d'analogie de l'art. 1383, qui rapproche le *fait* et la négligence, et les assimile en ce qui touche la responsabilité de l'auteur d'un délit civil. On peut ajouter que les raisons qui justifient la déchéance du terme, se rencontrent tout aussi fortes dans la diminution par un fait *in omittendo* que dans la diminution *in committendo*. Le créancier, en effet, était en droit d'espérer que son débiteur ne serait pas négligent.

Énumérer les cas où la diminution des sûretés aura lieu par le fait du débiteur, n'est pas chose facile : toutefois on peut dire qu'il n'est plus admis à réclamer le bénéfice du terme, quand par un fait de disposition, d'administration, de jouissance ou tout autre acte équivalent, il a altéré la valeur du gâge ou rendu la réalisation plus difficile. Nous citerons à titre d'exemple le fait par le débiteur de démolir, de laisser tomber une maison hypothéquée ou grevée d'un privilége, d'ouvrir des coupes non réglées dans un bois qu'il a grevé d'hypothèque.

De même quand le cessionnaire d'un office qui a mal géré a mérité sa destitution par application d'une peine disciplinaire, il est déchu du bénéfice duterme stipulé de son cédant. Cette solution est une très-juste application de l'art. 1188, surtout si l'on admet avec la jurisprudence et la majorité des auteurs (1) que le privilége n'existe plus au cas de destitution du ces-sionnaire.

Des actes de disposition de la part du débiteur peu.vent, nous l'avons dit, entraîner la déchéance du terme. Cet effet se produit lorsqu'il aliène une portion d'un immeuble hypothéqué, ou la totalité en détail au profit de plusieurs personnes. Au premier abord la déchéance du terme dans cette hypothèse paraît dif-ficile à comprendre : car le droit hypothécaire pou-vant s'exercer par voie de suite contre les tiers, on n'aperçoit pas immédiatement le danger d'un dom-mage pour le créancier, on ne voit pas en quoi ses sûretés sont diminuées. Mais ce dommage existe et résulte surtout de la faculté de purger qui appartient à l'acquéreur. S'il s'agit en effet d'un immeuble hy-pothéqué et vendu pour une portion, l'acquéreur peut par la purge contraindre le créancier à recevoir son

(1) M. Aubry et Rau, § 261, note 67; Requêtes, 21 janvier 1861; Sirey, 61, 1, 319.

prix, ou à demander une mise aux enchères ; et, quoi qu'il arrive, le créancier peut être indirectement forcé de diviser sa créance ; ce qui est contraire à la loi du contrat et au principe posé dans l'art. 1244, al. 1. La situation du créancier n'est donc plus la même qu'avant l'aliénation ; elle est détériorée par le fait du débiteur ; et cette détérioration suffit pour lui faire perdre le bénéfice du terme. Il doit en être de même lorsque l'aliénation de l'immeuble hypothéqué a été faite en détail au profit de plusieurs personnes. Dans cette hypothèse plus que dans l'autre les charges, les frais, soit de mise en vente, soit de confection d'ordre, s'aggravent au préjudice du créancier et en diminution de ses sûretés par la nécessité où il est réduit contre son attente et sa légitime espérance, de diriger des poursuites envers plusieurs personnes pour réaliser son gage et toucher tout ou partie du prix.

Si, quand il y a plusieurs hypothèques sur l'immeuble aliéné, les créanciers acceptent le prix offert par l'acquéreur, ceux qui ne sont pas désintéressés complétement par leur collocation sur le prix, ont perdu les chances qu'ils avaient de voir l'immeuble, vendu peut-être en temps inopportun, acquérir une plus value. Leur position se trouve modifiée par la purge, et, comme celle-ci a pour cause l'aliénation faite par le débiteur, on peut dire qu'il y a une diminution des sûretés par son fait, entraînant la déchéance du terme.

On s'est demandé si, pour que la déchéance soit encourue, il est nécessaire que l'acquéreur ait purgé ou tout au moins menacé de purger en faisant la notification exigée par l'art. 2183. Pour soutenir l'affirmative (1), on dit que, jusqu'à la purge ou la menace de purge, les sûretés du créancier restent entières et sont seulement susceptibles d'être diminuées ; que la condition à laquelle est subordonnée la déchéance n'est pas encore réalisée ; car, ajoute-t-on, ce n'est pas à la simple possibilité de diminution des sûretés, mais à la diminution réalisée qu'est attachée la déchéance du terme.

Nous ne pensons pas que l'on doive s'arrêter à ces raisons, et nous sommes disposé à adopter l'opinion contraire. La loi, en effet, subordonne la déchéance à cette circonstance que les sûretés sont diminuées ; or, les frais, les inconvénients des poursuites séparées peuvent les faire considérer comme telles. D'ailleurs, le créancier n'a plus sa sécurité entière, le simple fait de l'aliénation suspend sur sa tête une menace incessante de purge suffisante pour faire encourir la déchéance. Exigera-t-on que la purge ait eu lieu, que le mal soit consommé? Mais ce serait laisser la déchéance à la discrétion de l'acquéreur et rendre souvent le mal irréparable si les autres biens du débiteur étaient dissipés ou détruits (2).

Si le prix ou la valeur de la partie aliénée de l'immeuble suffit pour désintéresser le créancier hypothécaire ou privilégié, on ne peut rigoureusement dire

(1) Toullier, *des Contrats*, VI, n° 667 ; Duranton, XI, n° 128 et Dalloz, *Répertoire*, au mot *priviléges*, 1341, 1342.

(2) *Voy.* MM. Larombière sur l'art. 1181, n° 15 ; Aubry et Rau sur Zach., § 286, n° 11, et M. Colmet de Santerre, V, sur l'art. 1188, 111 *bis*, IV.

que les sûretés sont diminuées à son égard. Car il n'a rien à craindre de la purge ; il ne serait pas non plus fondé à dire que la réalisation de son gage sera plus difficile, parce qu'il devra s'adresser au débiteur, puis au tiers détenteur. Le débiteur, dans ce cas, n'est donc pas déchu du bénéfice du terme. Si l'on admettait le contraire, on ferait produire à l'hypothèque cet effet, de rendre les biens indisponibles entre les mains du débiteur. Cependant, s'il s'agit d'effets mobiliers non payés, la revente partielle ou totale est une diminution des sûretés dans le sens de l'art. 1188, puisque le vendeur primitif, n'ayant pas de droit de suite, ne peut exercer son privilége (art. 2102).

Quand la chose grevée est aliénée en totalité au profit d'un seul, il n'y a pas diminution des sûretés. Le créancier hypothécaire peut réaliser son gage entre les mains de l'acquéreur avec autant de facilité et sans plus grands frais que si la chose était restée en la possession du débiteur ; il n'a pas non plus à craindre un payement partiel comme conséquence de l'aliénation. Aucune des causes qui justifient la dé-chéance du terme ne se rencontre dans cette hypo-thèse. Sans doute le créancier peut perdre son droit par le défaut d'inscription ou de renouvellement (art. 2154), ou par la prescription plus facile en faveur du tiers détenteur (art. 2180) ; mais il y a là une diminution de sûreté imputable à sa négligence, plutôt qu'au fait du débiteur, puisqu'il trouve dans la loi tous les moyens de prévenir et d'empêcher l'ex-tinction de son droit.

Lorsqu'à l'époque de la vente l'inscription était déjà périmée, on ne doit pas voir dans l'aliénation au profit d'une seule personne une diminution de sûreté quand même on admettrait qu'entre le créancier et le débiteur l'inscription n'est pas nécessaire pour vivifier l'hypothèque. Car, si le créancier perd le droit d'opposer valablement son hypothèque, c'est encore plutôt par sa négligence que par le fait du débiteur. Il avait un droit, il avait les moyens de le conserver et de le mettre à l'abri des actes du débiteur ; pourquoi ne l'a-t-il pas fait ?

Toutes les fois que les conditions précédemment énumérées sont remplies, « sûretés données par le contrat, bonne foi du créancier et diminution par le fait du débiteur, » celui-ci doit être déchu du bénéfice du terme. En vain prétendrait-il qu'il reste des sûretés suffisantes, en vain offrirait-il de remplacer celles qu'il a diminuées, il a violé la loi du contrat, et cela suffit pour que la déchéance doive être prononcée par le juge.

Si les sûretés, au lieu d'être données par le contrat, ont été seulement promises, le débiteur, qui ne les fournit pas, s'expose au danger de perdre le bénéfice du terme. Les raisons de décider sont les mêmes que pour le cas où il y a diminution des sûretés données ; la confiance et la bonne foi du créancier sont trompées et le contrat inexécuté. Telle est la solution qui résulte de la comparaison des art. 1188, 1912, 2°, et 1977. Ainsi, quand le débiteur promet comme caution telle personne déterminée, il ne peut plus invoquer le terme lorsqu'il devient certain que cette cau-

tion ne pourra être fournie, parce que la personne dé
signée ne veut pas s'obliger pour lui. De même, dans
le cautionnement stipulé d'une façon générale, le débiteur qui ne peut trouver une caution est déchu du
bénéfice du terme, quand même il offrirait une hypothèque ou un gage, cette substitution n'étant autorisée que pour le cautionnement légal et judiciaire
(art. 2041). Toutefois, dans ces diverses hypothèses
et autres analogues, la déchéance n'a lieu que quand
l'inexécution de la promesse des sûretés est devenue
certaine, « à moins que la loi ou la convention n'ait
attaché une déchéance irrémissible au simple retard
dans la prestation des garanties promises (1). » C'est
là une différence avec la diminution des sûretés fournies, dont le débiteur ne peut éviter les conséquences
rigoureuses en fournissant d'autres garanties. Si l'une
des conditions que nous avons déjà rappelées fait défaut, la déchéance édictée par l'art. 1188 ne doit pas
être prononcée. Cependant le créancier n'est pas dans
tous les cas privé de tout secours. Il peut, quand ses
sûretés sont diminuées, obtenir ou son remboursement, ou un supplément de garantie, si les sûretés
diminuées sont insuffisantes pour garantir sa créance
(arg., art. 2131). On décide généralement que dans
cette alternative le choix appartient au débiteur et
non au créancier, qui n'a pas à se plaindre du moment qu'on lui donne des garanties suffisantes. Il
en résulte qu'à la différence de ce qui se passe dans
l'application de l'art. 1188, le débiteur n'est privé du

1) Cf. M. Larombière, *Oblig.*, sur l'art. 1188, n° 19.

bénéfice du terme que si la diminution a rendu les sûretés insuffisantes et s'il ne veut pas fournir de nouvelles garanties.

Pour que l'art. 2131 puisse être invoqué par le créancier il faut que les sûretés aient été données ou promises par le contrat; que leur diminution tienne à des événements qu'il n'a pas dû prévoir. Ainsi l'on a décidé que le créancier ne pourrait se plaindre quand l'inefficacité de son hypothèque tenait à l'exercice d'autres actions hypothécaires, dont l'existence était révélée par des inscriptions déjà prises lors du contrat; quand l'exercice du droit de propriété, comme la coupe réglée d'un bois, diminuait le gage; quand, par suite d'une licitation ou d'un partage, l'hypothèque se trouvait éteinte (art. 883). Dans ces diverses hypothèses, le créancier pouvait prévoir les dangers auxquels son droit était exposé; il savait, par exemple, que, l'indivision devant cesser (art. 815 et 2207), l'hypothèque constituée par un copropriétaire aurait à subir les conséquences de l'effet déclaratif du partage. Il avait d'ailleurs un moyen de protéger son droit, en assistant au partage pour empêcher qu'on ne mît l'immeuble dans un autre lot que celui de son débiteur. Il n'est pas nécessaire que la diminution des sûretés ait eu lieu par le fait du débiteur, il suffit qu'elle soit produite sans sa participation, par suite de cas fortuits ou de force majeure, comme l'incendie, le tremblement de terre, l'inondation, et le fait d'un tiers, qui, par rapport au débiteur, est un cas fortuit. Ainsi, quand un tiers détenteur de la chose hypothéquée en diminue la valeur par des changements qu'il lui fait subir, on ne saurait prétendre, d'une façon absolue, que cette diminution, à laquelle est étranger le débiteur, soit une cause de déchéance, tombant sous l'application de l'art. 1188; il vaut mieux la considérer comme une détérioration fortuite permettant au créancier d'invoquer l'art. 2131 (1). La solution ne serait plus la même, et la déchéance du terme devrait être encourue si l'on prouvait que le débiteur a participé effectivement ou sciemment à la détérioration de l'immeuble, comme quand il vend un bois pour être défriché, une maison pour être démolie.

Parmi les diminutions des sûretés par cas fortuit on peut ranger celle qui est prévue et réglée par l'article 2020, 1°. Il s'agit de l'inefficacité du cautionnement survenue par suite de l'insolvabilité de la caution. Le créancier peut réclamer son payement, et pour se soustraire à l'obligation de payer, le débiteur doit fournir une autre caution ou une autre sûreté si la caution était légale ou judiciaire. Il en est autrement lorsque le créancier exige comme caution telle personne déterminée; son insolvabilité n'entraîne en aucune façon la déchéance du terme; le motif est qu'en indiquant une caution le créancier a pris à sa charge les conséquences de son insolvabilité future (art. 2020, al. 2) (2).

(1) Orléans, 24 mars, 1859; Sirey, 59, 2, 673.
(2) Cf. Pothier, *Oblig.*, n° 391 et l'extension qu'il fait de cette seconde décision modifiant la première; M. Aubry et Rau, § 425, note 10, qui la restreignent au cas où le créancier a exigé lui-même telle caution.

II. *Faillite.* — Nous avons annoncé au commencement de ce chapitre que la faillite, état d'un commerçant qui cesse ses payements, privait le débiteur du
bénéfice du terme (art. 1188, Cod. civ., 444, Cod.
com.). A la différence de la diminution des sûretés
elle emporte une déchéance générale, opposable par
tous. Pour justifier cette déchéance, on peut au motif
que nous avons déjà donné ajouter un motif tout
spécial tiré de la difficulté qu'il y aurait à tenir compte
de la date des créances dans la réalisation du gage
commun et la répartition du prix. Sous l'empire du
Code de commerce de 1808 on discutait sur le point
de savoir à quel moment la faillite entraîne la déchéance du terme, et produit l'exigibilité anticipée.
Ces discussions tenaient au peu de précision de l'ancien art. 448 ainsi conçu : « L'ouverture de la faillite
rend exigibles les dettes passives non échues. » Aujourd'hui elles ne sont plus possibles en présence du
nouvel art. 444, duquel il résulte clairement que
l'exigibilité anticipée est produite par le jugement
déclaratif. Cette décision est conforme à la nature
des choses; car le but de l'exigibilité étant d'appeler
tous les créanciers à participer aux opérations de la
faillite, il n'existe qu'après le jugement, puisque c'est
alors seulement que ces opérations commencent.

III. Aux causes de déchéance citées par l'art. 1188
faut-il en ajouter d'autres? Telle est la question que
nous allons résoudre en commençant par la déconfiture.

Tout le monde reconnaît que, comme la faillite,
elle produit une déchéance générale. D'une part, en

effet, les raisons qui expliquent la déchéance du terme au cas de faillite subsistent avec la même énergie dans le cas de déconfiture. D'autre part, ces deux choses sont toujours assimilées dans la discussion : aussi Treilhard (1) répondant à Segur, appelle déconfiture la faillite d'un non commerçant et ajoute qu'il n'y a pas à tenir compte de la dénomination, la chose étant la même. Enfin le Code a consacré cette assimilation dans un cas qui présente avec celui qui nous occupe une grande analogie, nous voulons parler de l'article 1913 qui déclare exigible le capital d'une rente perpétuelle, lorsque le débiteur est en faillite ou en déconfiture. On peut même de cette disposition tirer un argument *a fortiori* et dire : si la déconfiture rend exigible un capital de sa nature inexigible, *a fortiori* elle doit produire le même effet à l'égard d'un capital dont l'exigibilité est seulement retardée.

L'application de l'art. 1188 à la déconfiture ne peut donc donner lieu à aucune difficulté ; mais, en présence du silence de la loi, il en est tout autrement du point de savoir quand il y a déconfiture. Dirons-nous avec M. Larombière (2) que c'est l'état d'une personne non commerçante qui cesse ses payements, ou avec d'autres auteurs, que c'est l'état d'insolvabilité d'un débiteur non commerçant, manifesté par des condamnations et des poursuites auxquelles il ne peut

----

(1) Dans une discussion sur les effets de l'exigibilité, Locré, XII, p. 162; adde *Exposé des motifs* de Bigot de Préameneu, déjà cité, XII, 343, n° 74. Jugé en ce sens implicitement, Nîmes, 18 mars 1862; Sirey, 63, 2, 5.

(2) *Oblig.*, sur l'art. 1188, n° 4.

satisfaire? Cette définition se rapproche de celle qu'on donnait dans la coutume de Paris (1) et nous paraît préférable à l'autre. La déconfiture, à la différence de la faillite, suppose l'insolvabilité ; elle ne dessaisit pas le débiteur de l'administration de ses biens, et la majorité ne fait pas loi à la minorité. Elle est constatée par les tribunaux, mais cette constatation donne lieu à de grandes difficultés pratiques dans le détail desquelles nous ne pouvons entrer (2).

On s'est demandé si, dans l'acceptation d'une succession sous bénéfice d'inventaire, il ne fallait pas voir une cause de déchéance comme dans la faillite ou la déconfiture. Pour soutenir l'affirmative on a fait valoir les raisons suivantes : les créanciers n'ayant plus qu'un gage isolé et restreint qui ne peut plus s'accroître, doivent tous avoir le droit de se présenter pour obtenir sinon le payement intégral, au moins un dividende, d'autant plus que l'acceptation bénéficiaire met la succession en état de liquidation générale et de déconfiture, et que cet état entraîne la déchéance du terme (art. 1188-1012). De plus l'art. 2146 met l'acceptation bénéficiaire sur la même ligne que la faillite, et l'art. 808 en déclarant qu'en l'absence d'opposition l'héritier payera les créanciers au fur et à mesure qu'ils se présenteront, prouve que le législateur ne fait aucune distinction entre les créances exigibles ou à terme ; car si cette distinction avait

(1) Art. 180 : « le cas de déconfiture est quand les biens du débiteur tant meubles qu'immeubles ne suffisent pas aux créanciers apparents. »

(2) Dalloz, *Repert. oblig.*, n° 1298 à 1301 ; Aubry et Rau, § 588, t. V.

lieu, il y aurait une injustice à forcer le créancier à terme « de rester spectateur tranquille de cette distribution qui épuisera le gage et ne lui laissera rien à l'échéance (1). » Malgré ces raisons nous pensons que l'acceptation bénéficiaire ne prive pas l'héritier du terme stipulé par son auteur. Cette opinion a pour elle le silence de la loi, et ce n'est pas le moindre argument surtout lorsqu'il s'agit d'une déchéance. Elle est conforme à la nature du bénéfice d'inventaire qui a été introduit dans l'intérêt unique de l'héritier, et ne doit pas être retourné contre lui, comme cela arriverait s'il le privait du terme. Pour réfuter les arguments que l'on donne en faveur de la première opinion, nous rappellerons que l'acceptation bénéficiaire ne constitue pas toujours la succession en état de déconfiture (art. 461-770-782); que l'assimilation de l'art. 2146 d'ailleurs assez difficile à justifier est faite à un point de vue spécial et ne peut être étendue; nous ajouterons que les créanciers à terme ne courent aucun danger, puisqu'ils peuvent former opposition entre les mains de l'héritier bénéficiaire et se faire admettre à produire aux ordres et contributions (2).

Les causes de déchéance que nous avons admises s'appliquent au terme de grâce comme au terme de droit (art. 124, Code proc. civ.). Mais dans cet article nous trouvons trois autres causes, ou au moins deux (depuis l'abolition de la contrainte par corps), qui empêchent le débiteur de jouir du délai de grâce :

(1) Paris, 7 février 1844, *Jour. du palais*, t. de 1846, p. 390, dernier considérant de l'arrêt.
(2) *Voy.* M. Demol., *Succes.*, XV, n° 168.

— 178 —

c'est la vente de ses biens à la requête d'autres
créanciers et son état de contumace. On s'est demandé
si ces causes de déchéance devaient être étendues au
terme convenu. Nous ne le pensons pas : l'art. 124
visé spécialement le délai de grâce ; les mots « né
jouir du délai qui lui a été accordé, » le rapprochement de l'art. 124 avec les précédents le prouvent
suffisamment ; et, pour justifier cette différence, nous
dirons que le législateur a dû se montrer plus facile
pour priver le débiteur du terme de grâce, faveur accordée malgré le créancier, que pour lui enlever le
terme de droit dont il ne doit perdre le bénéfice que
pour des causes graves. Pour appliquer, sinon l'article 124 lui-même, mais les causes de déchéance
qu'il renferme, M. Larombière (1) déclare que « la
vente des biens du débiteur, son état de contumace,
son emprisonnement constituent l'état de déconfiture
et emportent la déchéance du terme par application
de l'art. 1188. » Nous ne pouvons admettre cette
manière de raisonner ; nous ne nions pas qu'en fait
ces circonstances ne soient les indices de la déconfiture, mais nous ne croyons pas qu'elles la constituent
à elles seules. Car il peut arriver, et il arrive qu'un
débiteur solvable soit sous le coup d'une ou plusieurs saisies mobilières ou immobilières, qui sont
suivies de vente, et si l'on appliquait l'art. 124, il
faudrait, sans distinguer entre la vente des meubles
ou des immeubles, le déclarer déchu du bénéfice du

<hr>

(1) Sur l'art. 1188, n° 5. L'auteur est conséquent avec ses idées
sur la déconfiture, qui selon lui ne suppose pas l'insolvabilité.

terme de droit, lorsqu'il n'est peut-être souvent que dans une gêne momentanée.

Nous en dirons autant du cas où le débiteur était constitué prisonnier ; car son emprisonnement, comme la vente des biens, pouvait être le résultat d'une gêne momentanée, et n'établissait pas toujours une présomption d'insolvabilité. Il ne faudrait pas voir non plus dans ce fait une diminution des sûretés fondée sur ce que le débiteur ne peut plus gérer ses affaires. Car, comme nous l'avons déjà remarqué, cette cause de déchéance n'existe que quand des sûretés spéciales ont été accordées au créancier, ce qui n'a pas lieu dans notre hypothèse, où le gage est resté imparfait.

Lorsque le débiteur est en état de contumace, le maintien du terme convenu se comprend facilement, bien qu'il ne soit plus présent pour répondre de ses engagements. Les créanciers, en effet, ne courent aucun danger ; ils pourront tout aussi bien à l'échéance poursuivre les biens de leur débiteur entre les mains du séquestre qu'entre les siennes. Il faut donc restreindre au terme de grâce les causes de déchéance que nous trouvons à l'art. 124 (1), et qui ne sont pas reproduites de l'art. 1188 civ.

(1) Duranton, t. XI, n° 117.

SECTION IV

Effets de la déchéance du terme.

Quand le débiteur est déchu du bénéfice du terme, le créancier recouvre le plein exercice de ses droits. Il peut, en conséquence, faire des actes d'exécution, exiger le payement par toutes les voies de droit, citation en justice, commandement, saisie-arrêt, opposition, production à l'ordre ou à la distribution. Il n'y a pas à tenir compte de cette clause que le créancier ne pourrait poursuivre qu'après avoir adressé préalablement au débiteur un commandement ou une sommation. Car elle n'a d'autre résultat qu'une prorogation de terme, dont doit être privé le débiteur.

Dans le cas où la déchéance du terme a pour cause la faillite, les droits du créancier sont moins étendus que quand elle est produite par la déconfiture ou la diminution des sûretés. Cette différence tient à des règles spéciales à la faillite et que nous croyons devoir rappeler. Un des effets du jugement déclaratif est la suspension des poursuites contre le failli dessaisi (art. 531-571-527, 2°, *a contrario*, Code com.). La loi ne permet pas à chaque créancier d'agir séparément, parce que ces poursuites séparées auraient donné lieu à des tiraillements, des complications de procédure et à des frais énormes, et qu'en outre elles auraient favorisé un créancier au détriment des autres, puisqu'à partir du dessaisissement tous les biens sont affectés au payement des dettes alors existantes, et que le droit de chacun est transformé en un droit à un dividende. Ces raisons n'existaient pas pour les créanciers hypothécaires, privilégiés ou nantis d'un gage, qui n'avaient pas suivi la foi de leur débiteur et s'étaient fait donner une garantie pour se réserver toute poursuite au cas de faillite et la chance d'être payés intégralement. C'est pourquoi le jugement déclaratif ne leur enlève pas le droit de poursuivre l'expropriation des biens du failli (art. 571 et 443, 3ᵉ al., Code com.).

L'application de ces principes, au cas où le débiteur a stipulé un terme, ne donne lieu à aucune difficulté, lorsque les créanciers sont chirographaires ; car si le jugement déclaratif produit l'exigibilité anticipée, il suspend en même temps toute poursuite de leur part contre le failli dessaisi. Il n'en est plus de même lorsque les créanciers sont hypothécaires privilégiés ou nantis ; et l'on discute sur le point de savoir s'ils peuvent invoquer la déchéance du terme et agir comme s'ils étaient purs et simples. Pour soutenir l'affirmative, on invoque les art. 1188, C. civ., et 444, C. com., qui par leur généralité ne comportent aucune distinction, et consacrent la déchéance du terme au profit de tous les créanciers du failli (1). A cet argument de texte, on ajoute un argument tiré des travaux préparatoires (2), et qui ne nous paraît

(1) Angers, 15 mai 1861 ; Sirey, 61, 2, 412, 2ᵉ considérant. Agen, 20 février 1866 ; Sirey, 66, 2, 131. Cf. Cassat., 23 mars 1865 ; Sirey, 1, 201, nᵒˢ 3 et 4 ; Marcadé, IV, sur l'art. 1188, nᵒ 2.
(2) Locré, XII, p. 161, nᵒ 11.

rien moins que concluant : certains conseillers d'État
(Reynaud...) soutenaient que la faillite du débiteur
ne rendait exigibles les obligations à terme que
quand elles étaient chirographaires. D'autres dé-
fendaient la rédaction générale de l'art. 1188 (Bigot de
Préameneu, Treilhard), en disant « que toutes les obligations devenaient nécessairement exigibles, parce
qu'on ne pouvait se dispenser de procéder à la liquidation générale des dettes du failli. » Tout ce qui ressort de cette discussion, d'ailleurs pleine de vague,
c'est que les partisans de la généralité de l'art. 1188
avaient surtout en vue la distribution de l'actif du
failli. Or lorsqu'elle a lieu, l'exigibilité profite à tous
les créanciers, puisque ceux qui ont des hypothèques
viennent par préférence immédiatement et sans diminution sur le prix des biens hypothéqués et vendus
par les syndics. La déchéance du terme n'est donc
pas sans effet à leur égard, et l'avantage qu'ils en
retirent dans une certaine mesure suffit pour expliquer la généralité de l'art. 444.

Aussi nous pensons qu'on doit leur refuser le droit
d'agir en expropriation avant l'échéance du terme.
En effet si, quand leurs créances sont pures et simples, ils peuvent malgré le jugement déclaratif exercer des poursuites, c'est parce qu'en leur qualité de
créanciers hypothécaires ils sont considérés comme
étant en dehors de la faillite, et restant sous l'empire
du droit commun. Or, la déchéance du terme est un
effet de la faillite; ils ne peuvent donc pour l'invoquer
dire qu'ils sont compris dans la faillite au moins en
qualité de créanciers chirographaires, quand en

même temps ils veulent pour exercer des poursuites se tenir en dehors de la faillite. D'ailleurs leur situation n'est pas changée en tant que créanciers hypothécaires, puisque leur gage n'est ni amoindri, ni diminué ; c'est seulement en qualité de créanciers chirographaires qu'ils peuvent souffrir de la faillite, mais, comme tels, ils doivent respecter les pouvoirs des syndics et se tenir confondus dans la masse. Enfin, il serait bizarre qu'une conséquence attachée à la déclaration de faillite vînt, en autorisant des poursuites individuelles, contrarier l'intérêt collectif de la masse des créanciers (1).

Les raisons que nous avons données pour justifier la restriction apportée aux effets de la déchéance du terme, en matière de faillite, ne peuvent s'appliquer à la déconfiture. En effet, il n'y a pas de syndics pour administrer les biens du débiteur et réaliser l'actif ; rien ne s'oppose alors à ce que tout créancier, muni d'un titre exécutoire, commence des poursuites et pratique des saisies sans attendre l'échéance ordinaire de sa créance (2).

— Le terme étant supprimé par les événements que nous avons examinés, l'obstacle à la compensation légale a disparu, et elle devrait être possible en vertu de l'art. 1201. Mais il n'en est pas ainsi au moins pour toutes les causes de déchéance. Lorsque l'exigi-

(1) Paris, décembre 1861, Sirey, 62, 2, 49 ; MM. Rataud à son cours, Demangeat sur Bravard, V, p. 157, note 1 ; Labbé, *Journal du palais*, an. 1862, p. 7, note n° 1 ; Brolles, *Revue critique*, t. XXXII, p. 27.

(2) MM. Labbé, *loc. cit.*, et Demangeat, *loc. cit.*, 159, n° 1.

bilité est produite par la diminution des sûretés, la compensation s'opère entre la créance rendue exigible et celle qui existe au profit du débiteur contre le créancier; elle a lieu non pas le jour de la diminution, mais le jour du jugement qui constate le fait qui l'a produite. Il en est de même dans le cas de déconfiture; comme elle n'est attachée à aucun fait à la date duquel on peut faire remonter l'exigibilité de la dette, il ne saurait y avoir lieu à compensation qu'à partir du jugement qui, en déclarant la déconfiture, prononce la déchéance du bénéfice du terme (1).

Lorsque l'exigibilité résulte de la faillite, la conséquence est différente au point de vue qui nous occupe; le jugement déclaratif n'autorise pas la compensation des dettes rendues exigibles avec les créances antérieurement échues au profit du failli. La véritable raison est que la créance contre le failli est transformée en un droit à un dividende, tandis que la créance du failli est acquise à la masse sans subir aucune transformation. Or, on ne peut savoir ce que vaut ce dividende auquel a droit le créancier pour son obligation à terme. Si donc le jugement déclaratif a fait disparaître l'un des obstacles à la compensation, l'inexigibilité, il en a créé un autre, la *non-liquidité* (art. 1291). Ce dernier ne disparaît que quand le montant des dividendes est fixé par la répartition de l'actif entre les créanciers. Alors, si l'un d'eux est débiteur de la faillite, la compensation légale pourra s'opérer

(1) Marcadé, IV, nº 827, et M. Desjardins, *de la Compensation,* p. 404.

jusqu'à due concurrence entre sa dette et le dividende auquel il a droit (1).

Les motifs que nous avons donnés justifient pleinement l'impossibilité de compenser après le jugement déclaratif. C'est à tort que l'on invoque l'article 446, Cod. com.; car la compensation, dont il proclame la nullité, n'est pas la compensation légale, mais la compensation conventionnelle (2) : ce qui le prouve, c'est qu'il parle de dettes non échues, pour lesquelles la première n'est pas possible. D'ailleurs, si l'on appliquait cet article à la compensation légale, il faudrait la déclarer impossible aussitôt la cessation de payements et avant le jugement entre deux créances liquides et exigibles, existant pour et contre le futur failli : ce qui ne nous paraît pas admissible. Au principe que la compensation légale ne peut avoir lieu après le jugement déclaratif de faillite, une exception est apportée en pratique dans la matière des comptes courants (3).

— Nous venons de voir l'hypothèse d'une personne débitrice pure et simple et créancière à terme du failli lors du jugement déclaratif, et nous avons montré que, malgré l'exigibilité de sa créance, elle ne pouvait opposer la compensation pour se payer à elle-même au détriment de la masse, tout ou partie de sa dette. Examinons maintenant l'hypothèse in-

(1) Cassat., 14 mars 1854; Sirey, 54, 1, 353; Agen, 3 janvier 1860; Sirey, 60, 2, 110.

(2) Voy., comme exemple, Paris, 27 août 1866; Sirey, 67, 2, 294.

(3) M. Demangeat sur Bravard, V, p. 163, et Cassat., 25 juin 1862; Sirey, 1, 975.

verso : débiteur à terme du failli, Pierre a contre lui
une créance déjà exigible lors du jugement déclaratif,
peut-il (en supposant que le terme ait été stipulé dans
son intérêt exclusif) venir dire à la faillite : « Je renonce au bénéfice du terme, je demande à être traité
comme tenu d'une obligation pure et simple ; dès
lors, avant le jugement déclaratif, j'étais créancier
et débiteur ; par conséquent ma créance a servi à
éteindre ma dette, et, si l'une égalait l'autre, je ne
dois plus rien? » Cette prétention n'est pas admissible :
la masse pourra répondre victorieusement : « Vous
avez attendu trop tard pour faire produire à votre renonciation les effets que vous réclamez ; le jugement
déclaratif s'oppose à ce qu'elle agisse rétroactive-
ment ; il a modifié votre créance et l'a transformée
en un droit à un dividende, il a fixé irrévocablement
votre sort comme celui de tous les autres créanciers. »
Pierre reste donc tenu envers la faillite, et bien que
sa dette liquide à tout événement soit devenue
exigible par la renonciation au terme, elle ne peut
être compensée avec sa créance qui n'est plus
liquide (1).

En cas de faillite, lorsqu'il y a des obligations réciproques, synallagmatiques, le créancier à terme,
obligé corrélativement, ne peut invoquer efficacement l'art. 444, ni la déchéance du terme, s'il diffère
l'accomplissement de son obligation jusqu'à l'échéance.
Ainsi, par exemple, quand un terme est accordé à un
vendeur, et que le payement du prix est subordonné

(1) Cassat., 9 juillet 1860; Sirey, 60, 1, 696.

à la livraison de l'objet vendu, la faillite de l'acheteur ne rend pas le prix exigible, parce que le terme stipulé pour la livraison, et auquel est subordonnée l'exigibilité du prix subsiste malgré la faillite. Le vendeur ne peut donc exiger le payement avant d'effectuer la délivrance (1).

— Le créancier, qui profite de la déchéance du terme, peut demander au débiteur la totalité de la dette et se faire colloquer dans l'ordre pour le montant de sa créance sans subir aucune réduction, lors même qu'elle ne serait pas productive d'intérêts (2). S'il en était autrement, il n'y aurait plus véritablement d'échéance : car l'idée de déchéance emporte l'idée de peine, et elle aurait lieu sans préjudice pour le débiteur, si le créancier, sous une forme ou sous une autre, payait le prix de l'exigibilité anticipée.

Lorsque la créance contient les intérêts à échoir, il y a lieu de les retrancher proportionnellement au temps qui reste à courir ; mais il faut, pour cela, qu'il y ait eu un capital fixé préalablement, puis augmenté des intérêts à échoir, comme quand on souscrit un billet de 21,000 fr. pour le prix de vente d'une maison, fixé à 20,000 fr., et payable dans un an. Car, s'il n'y a jamais eu d'autre capital que le montant de l'obligation à terme, comme la réduction ne pourrait s'opérer que par voie d'escompte, elle ne

(1) Bordeaux, 16 juillet 1840, dernier attendu.
(2) On avait proposé dans la discussion d'ajouter à l'art. 444, Code com. : « Sous la déduction de l'escompte des intérêts restant à courir, calculés au taux légal. » (Duvergier, *Collection des lois*, XXXVIII, p. 372.)

peut avoir lieu d'après ce que nous avons dit. Il y a dans ces hypothèses des questions de fait très-délicates, qui sont laissées à l'appréciation des tribunaux. —La déchéance du terme produit son plein et entier effet contre le débiteur; si la créance est garantie par une caution, en est-il de même à son égard? la déchéance du terme, encourue par le débiteur principal, lui est-elle opposable? Tous les auteurs sont d'accord pour admettre la négative, lorsque la caution a stipulé des conditions particulières d'exigibilité. Dans ce cas, ni la diminution des sûretés par le fait du débiteur, ni son état de faillite ou de déconfiture ne permettent au créancier d'agir contre la caution avant l'échéance du terme par elle stipulé (1).

Mais si, comme cela arrive le plus souvent, elle a garanti purement et simplement une créance à terme, l'on n'est plus d'accord sur les effets, à son égard, de la déchéance du terme encourue par le débiteur principal. Des auteurs (2) pensent que le créancier, quelle que soit la cause de déchéance, pourra agir immédiatement contre la caution. Selon eux, elle est déchue du bénéfice du terme comme le débiteur principal et n'a aucun moyen d'échapper aux conséquences de l'exigibilité immédiate. Ils argumentent de la nature de son obligation; elle s'est engagée, disent-ils, envers le créancier à exécuter l'obligation si le débiteur n'exécute pas (art. 2011); aussitôt qu'il peut

(1) Nîmes, 18 mars 1862; Sirey, 63, 2, 5. « Attendu que le cautionnement peut être contracté sous des conditions différentes que celles stipulées avec le débiteur....., quelle doit jouir du délai stipulé par son acte de cautionnement. »
(2) *Voy.* Larombière, II, sur l'art. 1188, n° 22.

être poursuivi la caution doit pouvoir l'être, puisqu'elle s'est engagée à payer pour lui et à son défaut.

D'autres auteurs (1) proposent de distinguer, suivant les causes de déchéance : s'agit-il de la faillite
ou de la déconfiture du débiteur, ils n'enlèvent pas à
la caution le bénéfice du terme ; s'agit-il, au contraire, de la diminution des sûretés, ils la déclarent
privée du terme, à moins qu'elle ne fournisse de nouvelles garanties. Cette distinction est fondée sur cette
idée, que la caution doit répondre des faits du débiteur en tant qu'ils concernent la conservation des sûretés données par le contrat. Nous ne la croyons pas
plus admissible que la première opinion et nous pensons que la déchéance du terme, encourue par le débiteur principal, ne peut, en aucun cas, rejaillir immédiatement sur la caution. Car, lorsqu'il s'agit d'une
créance à terme, la caution en garantit l'exécution
seulement à l'époque convenue; c'est pour ce moment qu'elle prend l'engagement de payer à défaut
du débiteur. Tout ce qui rend la dette exigible à
l'égard de celui-ci ne la rend pas exigible contre la
caution. Ainsi la renonciation au terme par le débiteur ne permet pas d'agir contre la caution, qui, on
doit toujours le supposer, s'est obligée sous la condition du terme. D'ailleurs, il n'y a rien de bizarre
dans le maintien du terme à son profit, puisque, si
elle avait stipulé un délai plus long, elle devrait en
conserver le bénéfice (2).

(1) Duranton, *Cours de droit civil*, XI, n° 120.
(2) Cf. les motifs de l'arrêt cité à la note 1 : « qu'il n'est pas arti-
culé que Viel. (la caution) ait diminué les sûretés existantes... »

Nous ferons remarquer, en outre, que la première opinion aurait le grave inconvénient de rendre l'obligation de la caution plus onéreuse que celle du débiteur solidaire contre lequel la déchéance encourue par son codébiteur ne produit aucun effet.

Il va sans dire que si la caution tombe en faillite, en déconfiture, ou diminue par son fait les sûretés promises, elle sera déchue du bénéfice du terme (motifs de l'arrêt cité en note). Mais cette déchéance ne peut nuire ni au débiteur principal, ni aux cofidéjusseurs qui ne répondent pas du fait personnel de la caution. Il en résulte : 1° qu'elle n'a plus le bénéfice de discussion ni de division puisqu'il n'y a personne contre qui la dette soit exigible ; 2° que, si elle désintéresse le créancier, elle ne peut exercer de recours qu'à l'échéance du terme.

Lorsqu'il s'agit d'une obligation solidaire à terme, la déchéance encourue par l'un des codébiteurs ne doit pas produire d'effet à l'égard des autres. Car bien qu'ils soient tous tenus principalement, le fait de l'un comme tiers ne peut nuire à ses codébiteurs. Or, on ne peut nier que, quand un débiteur est en état de faillite ou de déconfiture, ou diminue les sûretés promises, il n'y ait par rapport aux autres le fait d'un tiers; le créancier ne peut donc l'invoquer pour agir contre eux, ils doivent conserver le terme qu'ils ont stipulé, d'autant plus qu'ils peuvent être obligés à des termes différents (art. 1201). Le codébiteur forcé de payer n'a aucun recours à exercer contre eux avant l'échéance (art. 1213-1214).

— Il nous reste quelques mots à dire sur l'application qu'on a faite do ces divers principes et sur les exceptions qu'on y a apportées lorsque l'un des signataires d'une lettre de change ou d'un billet à ordre tombe en faillite (art. 444, 2°) avant l'échéance du terme.

Si le tiré est déclaré en faillite, le porteur peut s'adresser au tireur et aux endosseurs et leur demander une caution ou le payement. Si nous n'avions que l'art. 444, il faudrait distinguer si le tiré a accepté ou non et reconnaître au porteur seulement dans le premier cas le droit d'agir contre les signataires de la lettre. Mais il y a un autre texte qui consacre pour le porteur le droit de demander une caution quand il n'y a pas acceptation du tiré : c'est l'art. 120 ainsi conçu : « Sur la notification du protêt faute d'acceptation les endosseurs et le tireur sont respectivement tenus de donner caution pour assurer le payement de la lettre de change à son échéance, ou d'en effectuer le remboursement.... » Cette disposition peut se justifier de la manière suivante : le tireur et les endosseurs contractent entre autres obligations envers le porteur celle de lui procurer l'acceptation du tiré avant l'échéance. Quand il refuse d'accepter, ils lui doivent une garantie équivalente, une caution solvable. Or, il est évident qu'un fois en faillite le tiré ne peut plus à cause du dessaisissement accepter valablement la lettre de change. Le porteur est donc dans la même situation que s'il avait éprouvé un refus d'acceptation, et partant il peut exercer le droit qu'eût fait naître ce refus, demander une caution ou le payement. Le silence de l'art. 444 sur cette hypothèse s'explique parce qu'elle était très-simple, et que la solution que nous avons donnée découlait tout naturellement de l'art. 120.

En ce qui touche les effets de la faillite du tiré accepteur le législateur devait s'expliquer; car dans le silence de la loi les signataires de la lettre de change auraient pu exciper de l'art. 2020, al. 2, et soutenir qu'ils ne devaient pas donner caution puisqu'ils avaient promis l'acceptation d'une certaine personne et que leur promesse étant accomplie ils devaient être libérés sur ce point. Toutefois on aurait pu leur répondre que par la faillite du tiré l'acceptation avait perdu la principale utilité, qu'avait en vue le porteur; qu'elle n'était plus une garantie de payement à l'échéance, puisqu'il n'y a plus de payement possible de la part du tiré; qu'enfin la sûreté résultant de l'acceptation n'étant plus complète, le porteur devait pouvoir en demander une autre, comme tout créancier qui après l'insolvabilité de la caution peut s'en faire donner une nouvelle (art. 2020, al. 1). Ce sont ces dernières idées qui ont prévalu en 1838 et ont amené la rédaction définitive de l'art. 444 dont le projet était plus favorable au tireur et aux endosseurs (1).

Supposons maintenant la faillite du tireur : si l'on était parti de cette idée que chaque endosseur a garanti sa solvabilité, on aurait dû accorder au porteur le droit de demander une caution ou le payement, mais ce droit n'existe que quand le tiré n'a pas accepté (art. 444). Le législateur est parti de cette

(1) *Voy.* M. Demangeat sur Bravard, V, p. 172, note 1.

idée qu'il ne faut pas compliquer les rapports de la lettre de change; avant l'acceptation du tiré la signature principale est celle du tireur, et on comprend qu'en cas de faillite de sa part elle soit remplacée; mais lorsqu'il y a eu acceptation la signature principale est celle du tiré; celle du tireur n'est plus qu'un accessoire, et quand il tombe en faillite, la demande de caution serait une pure chicane. Si l'un des endosseurs est en faillite on aurait pu permettre au porteur d'exiger une caution de ceux qui ont endossé après lui et ont ainsi garanti sa signature. C'est ce que l'on avait proposé par un amendement lors de la discussion de la loi de 1838, mais cette proposition ne fut **pas** adoptée parce que la signature d'un endosseur n'est jamais principale. On fit observer, en outre, que sous l'empire de l'ancien art. 448 qui, par sa généralité, comportait l'application de la déchéance à tous les codébiteurs, on avait vu rarement les porteurs agir contre les autres endosseurs en cas de faillite de l'un d'eux.

Lorsqu'il s'agit d'un billet à ordre, si le souscripteur tombe en faillite, les endosseurs doivent donner caution ou payer; car ils ont garanti sa signature, puisqu'ils l'ont tous cédée; de plus, le souscripteur est l'obligé principal, et joue en même temps le rôle de tireur et de tiré. Il en serait autrement si la faillite avait frappé un endosseur. Ainsi, en matière de lettre de change et de billet à ordre, il y a dérogation au droit commun, tel que nous l'entendons, en ce que la déchéance du terme résultant de la faillite d'un débiteur peut quelquefois rejaillir sur les garants solidaires (art. 140, 184 et 444, C. com.). Mais cette dérogation n'est pas complète puisqu'ils ont un moyen d'arrêter les effets de la déchéance.

Quand une créance à terme est garantie par une hypothèque, le tiers acquéreur de l'immeuble hypothéqué peut-il, malgré la déchéance encourue par le débiteur, continuer à jouir du terme ? Nous ne le pensons pas ; car il est substitué au débiteur, et les choses doivent se passer comme si l'immeuble n'était pas sorti des mains de ce dernier. Or, s'il en eût été ainsi, le créancier aurait pu, sans tenir compte du terme, poursuivre l'exécution de l'obligation contre le débiteur qui est en état de faillite, de déconfiture, ou a diminué les sûretés fournies. Il serait étrange qu'il ne pût en faire autant contre le tiers détenteur, et que la mutation de propriété eût cet effet de priver le créancier hypothécaire d'une des prérogatives attachées à la garantie qu'il a stipulée. En achetant l'immeuble, le tiers n'a pu légitimement compter sur le terme qu'autant qu'il serait conservé au débiteur à qui il avait été accordé. A ces considérations, nous ajouterons un argument tiré de l'art. 2169, qui permet au créancier d'agir contre le tiers détenteur quand la dette est exigible, et ne fait aucune distinction fondée sur les différentes causes qui peuvent produire l'exigibilité (1).

L'assimilation que M. Duranton (2), pour soutenir l'opinion contraire, cherche à établir entre le tiers détenteur et un débiteur solidaire contre lequel la

(1) *Voy.* M. Aubry et Rau, § 287, texte et note 1, vol. 2.
(2) Tome XX, n° 229.

déchéance de son codébiteur ne produit aucun effet, ne nous paraît nullement concluante, parce que le tiers détenteur n'est point obligé personnellement à la dette. Nous en dirons autant de l'argument que l'on tire de l'art. 2167 pour repousser l'art. 2169 que nous avons invoqué, et le restreindre au cas où l'exigibilité est produite par l'arrivée du terme; car quand la loi dispose que le tiers détenteur « jouit des termes et délais accordés au débiteur, » elle se réfère au cas où le débiteur jouit lui-même d'un terme, et sa décision n'est plus applicable lorsque, par suite de la déchéance, il en est privé.

Si le détenteur de l'immeuble hypothéqué était non un acheteur ni un donataire, mais le tiers qui a lui-même constitué l'hypothèque, nous serions assez disposé à le traiter comme une caution personnelle, et à lui conserver le terme malgré la déchéance encourue par le débiteur. Il n'y a plus, en effet, les mêmes raisons que dans l'hypothèse précédente pour permettre au créancier d'agir contre lui avant l'échéance.

APPENDICE.

Nous nous sommes proposé d'examiner, dans cette partie de notre travail, quelques-unes des questions qui s'élèvent sur l'application des art. 1188, C. civ., et 444, C. com., à la créance du locateur. La première, et la plus délicate, porte sur la nature même de cette créance : la loi ne l'ayant définie nulle part d'une manière claire et précise, on comprend les discussions nombreuses et approfondies qui se sont succédé depuis quelques années dans les revues, dans les journaux et dans les recueils de jurisprudence, et auxquelles doit mettre fin l'intervention du pouvoir législatif.

Les diverses théories qui se sont produites peuvent se résumer à trois : 1° dans l'une, on soutient que la créance du locateur est une créance conditionnelle; 2° dans l'autre, que c'est une créance successive et future ; 3° dans une troisième, qui est consacrée par la jurisprudence, on décide que c'est une créance à terme; et, à ce titre, la question rentre dans notre sujet. Les deux premiers systèmes ont ceci de commun, qu'ils repoussent par eux-mêmes l'application des art. 1188 et 444, et ne permettent pas au locateur d'exercer son privilége pour les loyers à échoir (art. 2102), et de venir, quand le preneur tombe en faillite, réclamer le payement de tous ses loyers.

Première opinion. — La *conditionnalité* de la créance du propriétaire est fondée sur les raisons suivantes (1). Le louage est un contrat consensuel ; les obligations des parties sont nées, mais affectées d'une condition qui tient à la nature même des choses. En effet, à quoi s'oblige le bailleur? A fournir la jouissance, chose actuellement inexistante et qui peut-être n'existera jamais ; l'objet de son obligation est une chose incertaine, suspensivement subordonnée aux éventualités de l'avenir, et conséquemment conditionnelle. Or, dans toute convention, l'obligation est

____

(1) Cf. M. Bertin, *Droit* du 16 juillet et 11 décembre 1861, *passim* ; Mourlon, dans une note sous un arrêt de 1863; Dal., 65, 1, 201 et *Revue pratique*, t. XXIII, p. 385.

do la même nature que son objet; donc l'obligation du locateur est comme son objet, incertaine et conditionnelle. Comme elle sert de cause à l'obligation du preneur, celle-ci doit être aussi conditionnelle; car jusqu'à l'arrivée de la condition, elle ne peut exister faute de cause. On argumente par analogie de ce qui se passe dans la vente des fruits futurs, qui est conditionnelle : le louage, dit-on, s'analyse en une vente de fruits futurs, et, comme tel, il doit être affecté d'une condition suspensive, qui consiste dans l'existence des fruits : si le preneur en recueille, il sera obligé; mais si, par une circonstance indépendante de sa volonté, il n'en perçoit pas, son obligation ne prendra pas naissance. Le même raisonnement s'applique au louage d'un fonds urbain, parce que l'habitation d'une maison, la jouissance d'un bâtiment, quel qu'il soit, est aussi incertaine et éventuelle que la jouissance d'une ferme (Mourlon, *loc. cit.*, n° 12 à 24).

Pour prouver que le législateur n'a pas considéré l'obligation du preneur comme née du jour du contrat, on invoque les art. 1722, 1741, 1724, 1767, 1770 qui, prévoyant la perte de la chose, l'interruption de jouissance causée par les réparations dont elle peut avoir besoin, la destruction des récoltes..... autorisent le locataire à demander la résiliation du bail, une diminution ou une remise du prix. On en conclut que l'obligation du preneur n'est pas indépendante de celle du propriétaire, comme dans la vente l'obligation de l'acheteur est indépendante de celle du vendeur. On ajoute que si la vente et le louage se séparent à ce point de vue, c'est qu'évi-

demment leurs natures diffèrent : « Dans la vente,
tout est actuel, présent, certain, complet, et partant
définitif ; dans le louage, tout est futur, incertain ou
suspensivement conditionnel. » Toutefois, cette *conditionnalité* du droit du locateur ne produit pas ses
effets à tout événement. Ainsi, quand les meubles
garnissant les lieux loués sont vendus, quand le gage
du propriétaire est transformé en argent, il peut en
général, et sous certaines conditions énumérées dans
l'art. 2102, exercer son privilége, exiger le payement immédiat de tous les loyers à échoir, sans être
tenu d'en garantir la restitution pour le cas où le
louage ne continuerait pas. Sans doute, il est mieux
traité qu'un créancier conditionnel ordinaire, que l'on
colloque pour mémoire et auquel on ne remet jamais
(au moins sans exiger une caution) les fonds pro-
venus de la vente du bien sur lequel il a une hypothèque ou un privilége. Cette différence s'explique
par une faveur extraordinaire pour la créance du
propriétaire privé de son gage (1).

Deuxième opinion. — Le second système que
nous avons annoncé considère la créance du locateur
comme une créance successive, naissant au fur et à
mesure de la jouissance qu'il fournit. Il a été soutenu
et développé par M. Thiercelin (2), à qui nous avons
emprunté les idées qui suivent.

L'obligation du locataire de payer les loyers ne

(1) *Voy.* dans le même sens M. Demangeat sur Bravard, v.,
p. 140, note, *in fine* ; M. Rataud, à son cours.

(2) Dal., note 62, 2, 1, sous un arrêt de 1861 ; *Revue critique*,
t. XXX, p. 37. Cf. M. Bufnoir, *Condition*, p. 288, en note.

naît pas de la promesse seule, abstraction faite de toute idée de cause ; elle a pour cause la jouissance que doit fournir le locateur ; et n'existe que quand cette jouissance est procurée au preneur. Le caractère de cette cause est d'être éventuelle, successive, mais non conditionnelle. La condition, en effet, est un événement futur et incertain de la réalisation duquel dépend l'existence d'un droit ; c'est une modalité dont le fait doit être étranger au but que se propose d'atteindre la partie qui s'oblige. Autrement, s'il est l'objet de l'obligation comme la jouissance due par le bailleur, ce n'est plus une condition mais une cause. Il faut que l'obligation à laquelle on ajoute la condition ait déjà en soi une cause licite nécessaire à son existence éventuelle. La définition que l'on donne de la condition ne serait plus vraie si on entendait que toute obligation qui a pour cause un événement incertain et futur fût par cela seul une obligation conditionnelle. On ajoute que, si l'obligation du locateur est la cause de celle du locataire, elle ne peut former une condition à laquelle la seconde serait subordonnée. Le même fait ne peut être à la fois une condition et une cause, un élément accidentel et un élément essentiel (art. 1108).

Mais, si la créance du propriétaire n'est pas conditionnelle, elle est au moins successive. En effet, son obligation consiste à fournir la jouissance, ce qu'on désignait à Rome par le mot *præstare*. Or, la *præstatio* est de sa nature un fait *successif, continu*. L'obligation du locateur, tenu de *præstare*, a donc un caractère de continuité, et, comme chaque obli-

gation a la même nature que sa cause, celle du locataire, qui a pour cause un fait successif de la part du
locateur sera aussi successive ; elle naîtra au fur et à
mesure de la jouissance qui lui sera procurée conformément au contrat, et la dette de loyers croîtra proportionnellement à l'importance représentative de cette
jouissance, d'après l'estimation qu'en ont faite les
parties. Il y aura donc une double obligation à la
charge du preneur, l'une de conserver la chose donnée
à bail, qui naît du contrat, l'autre de payer un loyer
qui naît à chaque instant du bail. Il est contraire à la
nature des choses de dire que cette dernière obligation existe entière et complète du jour du contrat pour
être résolue ensuite, lorsque la jouissance ne sera pas
fournie. Car alors elle ne prendra pas naissance faute
de cause.

De son côté, le bailleur contracte l'obligation de
livrer, d'entretenir la chose louée et d'en fournir la
jouissance. Comme il ne peut résumer en un moment
son obligation successive, il ne doit pas pouvoir prétendre à l'existence actuelle de celle du locataire.
Car il ne faut pas croire que le bailleur a exécuté son
obligation autant que la nature du contrat le permet,
en le mettant à même d'entrer en jouissance. Le loyer
n'est pas promis en vue de la chose, mais en vue de
son usage. La délivrance ne suffit donc pas pour faire
naître l'obligation du locataire ; il faut de plus la
prestation de la jouissance : en le déclarant tenu pour
le tout dès la formation du contrat, on fait précéder
la cause par l'effet, on transforme l'objet du louage ;
ce n'est plus alors la jouissance d'une chose moyen-

nant un prix, c'est le payement d'un prix moyennant une jouissance éventuelle, souvent même problématique.

En résumé, la dette de loyer ne doit naître que du fait de la jouissance. Elle est, comme l'obligation du bailleur qui lui sert de cause, immédiate quant à son point de départ, « durable, continue, successive. »

M. Thiercelin dit en terminant que son esprit se refuse absolument à concevoir comment une obligation *prolongée*, *incessante*, mais unique, pourrait être une obligation à terme. Le nôtre ne conçoit pas facilement quelle est la nature de cette obligation *prolongée*, *incessante* que nous ne trouvons définie nulle part, et à laquelle on peut, jusqu'à un certain point, assimiler la créance à terme.

Troisième opinion. — La créance du locateur est une créance à terme, dont l'existence date du jour du contrat, et dont l'exigibilité seule est retardée (1). Le louage, en effet, est un contrat consensuel, qui atteint sa perfection par le consentement des parties. Chaque obligation a sa cause et son objet du jour de la convention : celle du locataire a pour cause l'obligation prise par le locateur de lui fournir et assurer la jouissance de la chose, et pour objet le payement des loyers aux époques fixées par la convention ou par l'usage ; celle du locateur a pour objet la prestation

(1) *Voy.* MM. Labbé, *Journal du palais*, an. 1862, p. 7, note n° 2 ; Moreau, en note sous un arrêt de 1865 ; Sirey, 65, 1, 201 ; Desjardins, *Revue critique*, 1866, t. XXIX, p. 1 et seq., et Brolles, *Revue critique*, t. XXXII, p. 42.

de la jouissance et pour cause l'engagement que prend le locataire de payer les loyers. Chacune de ces obligations n'est ni multiple, ni successive; elle est indivisible dans sa cause. Celle du bailleur a une existence réelle, positive dès la formation du contrat, même avant la mise en jouissance du preneur. On ne peut nier que, du jour de la convention, il ne soit certainement obligé à procurer au locataire la jouissance de la chose louée au terme convenu et pendant toute la durée du bail. L'obligation du preneur doit exister aussi dans son intégralité, puisqu'elle est la cause de l'autre et que cette cause est indivisible. Sans doute, à la différence de ce qui se passe dans les autres contrats consensuels, l'exécution par le bailleur de son obligation ne peut être unique et actuelle; elle ne se conçoit qu'avec un caractère de *continuité*, de *successivité;* mais cela ne peut changer la nature du contrat, qui est et reste consensuel; conclure de l'incertitude de la jouissance à la non-existence de l'obligation, c'est confondre l'obligation avec son exécution, la condition suspensive avec le terme. Seulement, si cette exécution n'est pas continuée, si, par une de ces circonstances auxquelles les parties ont dû songer en contractant, la prestation de la jouissance est incomplète ou impossible, le preneur ne sera pas tenu d'exécuter son obligation et pourra même, s'il y a lieu, demander la résolution du contrat (art. 1184). Cette manière de considérer les obligations nées du louage est conforme à l'intention des parties; car, en s'engageant, le preneur n'a pas en vue des actes de jouissance successifs et intermittents, mais une jouissance continue pendant un temps déterminé, de même le bailleur a en vue, lorsqu'il s'oblige, l'entier prix de location, le loyer et autres charges présentes et futures.

A l'appui de ces diverses raisons, tirées soit de la nature du contrat de louage, soit de l'intention des parties, on cite plusieurs articles du Code civil, qui prouvent que, dans la pensée du législateur, la dette des loyers à échoir existe du jour de la convention. Le premier de ces textes, mais non le plus probant, est l'art. 1709, qui définit le louage : un contrat par lequel l'une des parties s'engage à faire jouir l'autre d'une chose pendant un certain temps et moyennant un certain prix que celle-ci s'oblige de lui payer. L'expression *moyennant ce prix* montre que la loi considère tous les loyers et fermages comme une dette unique, une obligation indivisible dans sa cause.

On cite en second lieu les art. 1722, 1741 qui consacrent pour le preneur le droit de demander dans certains cas la résiliation du bail. Les mots *résilié*, *résolu* prouvent que dans la pensée du législateur les événements qui mettent fin au contrat sont autant d'applications de la clause résolutoire tacite de l'article 1184. Car, si le louage eût été envisagé comme un contrat successif, conditionnel, les rédacteurs du Code se seraient servis d'expressions plus exactes, comme celles-ci : *ne continue pas, cesse.*

On invoque enfin l'art. 2102 : 1° qui déclare privilégiés les loyers et fermages pour tout ce qui est échu et *tout ce qui est à échoir*, si les baux ont date certaine. En présence de cette disposition, il paraît difficile de douter que tous les loyers d'un bail ne forment une seule et même créance, et que cette créance ne soit à terme pour les loyers à échoir. On ne peut guère justifier ce privilége attaché à une créance qui n'existerait pas dans le système de l'obligation successive, ni expliquer dans l'autre système cette faveur pour le créancier conditionnel qui va toucher le montant d'une dette incertaine sans donner caution pour le cas où la condition ne se réaliserait pas. Si les partisans des deux premières théories opposent l'art. 586, d'après lequel les loyers sont réputés s'acquérir jour par jour, les défenseurs de la troisième réfutent l'objection en disant que cet article est écrit pour régler les rapports du nu propriétaire et de l'usufruitier, et qu'il doit rester étranger à ceux du bailleur et du locataire. Quant aux dispositions des art. 1722, 1741, 1724, 1769 et seq... qui mettent les risques à la charge du bailleur, on peut, dans le système de l'obligation à terme, les expliquer en les considérant soit comme des applications de la maxime *res perit domino*, soit comme des consécrations de l'intention des parties. Le législateur a présumé qu'elles ne veulent pas faire retomber exclusivement sur l'une d'elles toutes les chances défavorables, et, pour cela, il décide que le preneur pourra demander la résiliation du bail ou une remise du prix de location. D'ailleurs, si la créance de loyer ne naissait qu'avec la jouissance, si elle était subordonnée à sa réalisation, à quoi bon la diminuer, comment en donner décharge? Est-ce qu'on fait remise d'une dette qui n'existe pas? Les art. 1769, 1770, au lieu de prouver contre la troisième théorie, pourraient être invoqués en sa faveur. Quant à la division des payements en termes, elle s'explique de plusieurs manières : on peut dire que le locataire a voulu : ou rendre moins lourde la charge du loyer, ou attendre qu'il ait vendu les fruits pour payer, ou encore se ménager, par une sorte de rétention, une indemnité dans les cas où il y a droit ; de même que le locateur, en demandant un payement anticipé, veut quelquefois obtenir une garantie plus efficace contre le preneur.

. Des trois théories dont nous avons présenté le résumé, la dernière est celle qui nous paraît le plus conforme à la nature du louage et à l'intention des parties. Aussi croyons-nous devoir l'adopter malgré les critiques dont elle a été l'objet. Nous dirons donc avec la jurisprudence que la créance du locateur est une créance à terme pour les loyers à échoir. Ceci admis, nous lui appliquerons l'article 1188, et nous permettrons au propriétaire d'invoquer la déchéance du terme, à moins que d'autres principes ne s'y opposent.

Lorsque la cause de déchéance est le manquement des sûretés promises ou la diminution des sûretés données par le contrat, le bailleur peut se faire payer tous les loyers à échoir même dans le cas où le bail n'a pas de date certaine. Ainsi l'a décidé le tribunal de la Seine (1) en condamnant au payement de tous les loyers les liquidateurs d'une société commerciale

(1) 11 février 1865, *Gaz. trib.*, 9 mars 1865, chronique.

qui avaient fait vendre tous les objets garnissant les lieux loués par cette société dont l'insolvabilité n'était pas établie.

Si la déchéance du terme est produite par la déconfiture du preneur, le propriétaire est admis à réclamer le payement des loyers futurs et à invoquer, si le bail a date certaine, le privilége accordé par l'article 2102, 1°, sur tout ce qui garnit les lieux loués (1).

Lorsque le preneur tombe en faillite, la créance du locateur est-elle devenue exigible par le fait seul du jugement déclaratif? Les loyers à échoir peuvent-ils être réclamés immédiatement? La jurisprudence arrive à cette conclusion, en appliquant l'art. 444, Cod. com., à la créance du locateur comme à une créance à terme ordinaire. Mais tout en adoptant son opinion sur la nature du droit du propriétaire, nous repoussons cette conséquence si désastreuse pour le failli et ses autres créanciers; car le locateur est un créancier privilégié, et, en cette qualité, il ne peut, ainsi que nous avons essayé de le démontrer, invoquer l'exigibilité anticipée produite par la faillite. Pour en profiter, il doit rentrer dans la masse en renonçant à son privilége et en subissant une réduction. « Attendu, dit un arrêt de la Cour de Paris (2), qu'en vertu des art. 1188, Cod. civ., et 444, Cod. com., le locateur ne peut user de l'exigibilité qu'ils déclarent et qui prend sa source dans la faillite,

____

(1) Cf. la sect. IV, sur les effets de la déchéance du *terme*.

(2) Paris, 12 décembre 1861, *Journal du palais*, 1862, p. 7; Paris, 26 juin 1863 ; Sirey, 2, 247, 3° espèce ; Rouen, 23 décemb. 1864; Sirey, 65, 1, 201, en note. —MM. Labbé, Desjardins, Brolles, *loc. cit.*

qu'en se soumettant à la loi commune à tous les créanciers ordinaires, c'est-à-dire par la voie de concours à la distribution, et en subissant le sort des autres créances. »

Ainsi le jugement déclaratif seul n'autorise pas le bailleur à réclamer le payement immédiat et intégral des loyers à échoir jusqu'à la fin du bail. Sa demande exagérée ne peut donc s'opposer à l'obtention d'un concordat, pourvu toutefois qu'on lui paye les loyers au fur et à mesure de l'échéance : car s'il est créancier de loyers échus, il poura faire vendre les meubles qui garnissent les lieux loués et exercer son privilége pour la totalité des fermages. Il en sera de même si au cas d'union les syndics vendent les meubles en détail. Il y a dans ces hypothèses des applications de l'art. 2102, 1°, que l'on ne peut contester, quelle que soit l'opinion que l'on adopte sur la nature du droit du locateur. La jurisprudence (1), comme nous l'avons annoncé, permet au locateur de réclamer dans tous les cas la totalité des loyers futurs. Ce système lui sacrifie le failli ou ses créanciers et tend à rendre les concordats impossibles; il consacre une iniquité déplorable, en ce qu'il met aux mains du propriétaire avec le capital de la créance non échue les intérêts de ce capital, et lui facilite la réalisation im-

(1) Cassat., 28 mars 1865 ; Sirey, 65, 1, 201 ; Orléans, 5 août 1865 ; Sirey, 65, 2, 283, et 10 novembre 1865 ; Sirey, 66, 2, 120, sur renvoi de la Cour de cassat. — Douai, 10 avril 1866; Sirey, 66, 2, 323. — Paris, 12 février et 5 mars, *Gaz. trib.*, 10 mars 1867; et *id.*, 13 février 1868; *Gaz. trib.*, 6 juin, par lesquels la Cour de Paris se rallie à l'opinion de la Cour de cassation. Ajout. Cass. requêtes, 15 juillet 1868; *le Droit*, 22 juillet 1868.

médiate d'un bénéfice considérable, surtout si à défaut du payement des loyers futurs, il reprend son
immeuble amélioré par le failli. En 1861, M. Blanche,
avocat général, et M. Denière, président du tribunal
de commerce, sollicitaient l'intervention du législateur
pour arrêter à sa naissance cette doctrine qui mena-
çait de détruire le crédit commercial et devait avoir
des conséquences si déplorables. La nécessité d'une
réforme se fit de plus en plus sentir en présence des
demandes exagérées des propriétaires et des décisions
judiciaires qui y font droit. Toutefois il fallut de nouvelles réclamations pour obtenir le projet de loi dont
le Corps législatif a été saisi au commencement de la
session (*Moniteur* du 1er janvier 1868) :

Art. 550, C. com. *Le privilége établi par l'art. 2101,
n° 1, du Code civil, au profit du propriétaire, ne s'applique, en cas de faillite, lorsque les baux sont authentiques, ou qu'étant sous signature privée, ils ont
date certaine, au prix du bail, des boutiques, maga-
sins et autres locaux servant soit à l'exercice du
commerce ou de l'industrie, soit au logement du failli,
dans le même immeuble, que pour les termes échus ou
à échoir pendant deux ans à partir du terme qui suit
le jugement déclaratif de la faillite. Il s'applique
également à l'indemnité due pour réparations locatives, pour réparations et travaux stipulés au contrat,
et, s'il y a lieu, pour tous dommages-intérêts résultant de l'inexécution du bail. Les créanciers ont le
droit de s'opposer à la résiliation demandée par le
propriétaire à la charge par eux : 1° de payer les
loyers échus; 2° de garnir ou faire garnir les lieux*

loués d'effets mobiliers suffisants pour garantir le payement du loyer pendant un an ; 3° de consigner une somme égale au prix du bail pendant deux ans, et aux indemnités qui pourraient être dues pour réparations locatives et pour travaux stipulés au contrat. La somme ainsi consignée ne pourra être retirée par les créanciers, tant que le bail continuera à être exécuté, et sera affectée par privilége à la garantie des loyers, indemnités et dommages-intérêts qui pourraient être dus au propriétaire.

Toutes les fois qu'on se trouve en présence d'un projet de loi, la première question qu'on doit se poser et chercher à résoudre, est celle de savoir s'il est susceptible de remplir le but pour lequel il est rendu, de remédier aux inconvénients de la loi existante bien ou mal interprétée. Or, si on examine attentivement celui qui précède, on reconnaîtra qu'il ne consacre pas une amélioration véritable, qu'il n'apporte qu'un remède apparent au mal qui a provoqué sa rédaction.

En effet, bien qu'il restreigne le privilége de l'art. 2102, n° 1, en cas de faillite du preneur, il ne rendra pas les concordats plus faciles. Une première disposition déclare exigibles dès à présent, par le seul fait de la faillite, les termes à échoir pendant deux ans : elle consacre implicitement le système de l'obligation à terme, et en limite seulement les conséquences. Le propriétaire pourra donc dans cette limite, après le délai d'un mois, faire commandement aux syndics de payer les loyers pendant deux ans et des indemnités diverses. Ce droit du propriétaire présente de graves inconvénients, parce que la faillite n'aura pas les fonds nécessaires pour effectuer ce payement : car deniers comptants et faillite sont choses qui s'excluent. Le commandement du propriétaire conduira donc indirectement à la vente du mobilier. Comment alors vendre le fonds ou arriver à un concordat, en présence de cette menace du locateur d'autant plus dangereuse qu'elle sera fondée sur la loi, et non plus seulement sur la jurisprudence? Dans l'état actuel des choses, les propriétaires, qui peuvent craindre un changement dans cette jurisprudence, transigent le plus souvent avec les autres créanciers et consentent à laisser le failli dans les lieux loués. Ces transactions seront plus rares, lorsqu'ils pourront, la loi en main, exiger le payement immédiat de deux années de loyers et d'autres indemnités.

La seconde disposition du projet n'est pas plus favorable à la faillite ; car la consignation qu'elle exige, pour empêcher la résiliation du bail demandée par le propriétaire, ne sera pas plus facile à faire que le payement. Il sera toujours difficile de trouver la somme nécessaire dans un désastre où l'argent comptant fait justement défaut. Le locateur à qui cette sorte de cautionnement ne sera pas fourni arrivera donc indirectement à obtenir la résiliation du bail, et à réaliser un bénéfice au détriment de la masse, si les lieux loués ont été améliorés par le failli.

En résumé ce projet de loi nous paraît trop favorable au propriétaire, et surtout trop nuisible au failli et à ses créanciers. Nous pensons qu'il vaudrait mieux décider purement et simplement que la faillite du preneur n'entraîne pas, par elle-même, le droit pour le propriétaire de demander la résiliation du bail ou le payement des loyers à échoir. Nous croyons savoir qu'un amendement a été proposé en ce sens, et nous désirons que le Corps législatif ne tarde pas à se prononcer sur cette question qui intéresse à un si haut degré le crédit commercial.

CHAPITRE III

Le terme extinctif produit son effet *ipso jure* comme la condition résolutoire (art. 1234), et entraîne l'extinction de l'obligation dont il limitait la durée ; car il n'y a pas, comme en droit romain, des modes déterminés pour éteindre les obligations, et parmi lesquels ne seraient rangés ni la convention, ni le terme. Tout au contraire, la simple convention (art. 1134), le terme, peuvent mettre fin à une obligation. Les parties ont pu valablement convenir qu'elle ne durerait que jusqu'à telle époque.

Bien que la loi ne parle pas du terme extinctif, on en trouve des exemples assez fréquents. Ainsi, dans l'art. 120, nous voyons limitée à trente ans ou à un délai moindre l'obligation des cautions que, en cas d'absence, l'envoyé en possession provisoire, ou l'époux présent et commun a dû fournir. De même, dans l'art. 771, C. civ., 155, C. com., nous trouvons une caution dont l'obligation est éteinte par l'expiration d'un délai de trois ans.

De cette manière d'envisager le terme extinctif, il résulte que la rente viagère n'est pas soumise aux mêmes règles que la stipulation *quoad vivam* des Romains. L'obligation du débiteur s'éteint à l'arrivée du terme incertain, qui est la mort du crédi-rentier, ou d'un tiers qui n'a aucun droit de jouir de la rente (art. 1971). Il n'y a plus à distinguer, suivant qu'elle a été constituée entre vifs ou par testament. Les arrérages sont acquis au créancier en proportion du nombre de jours qu'il a vécu (art. 1980), à moins qu'ils n'aient été stipulés payables par termes et d'avance ; car alors le terme qui doit être payé certain jour est acquis au crédi-rentier à l'époque fixée pour le payement, et il passe à ses héritiers, quand il meurt avant l'expiration du délai auquel il correspond.

CHAPITRE IV

DU TERME DANS LES CONSTITUTIONS DE DROITS
RÉELS. — PROPRIÉTÉ. — USUFRUIT.

SECTION I.

Terme suspensif.

Nous aurons peu de chose à dire sur l'effet du
terme, dans les actes constitutifs soit de propriété,
d'usufruit ; car nous n'avons pas, comme en droit
romain, des modes qui par leur nature ne peuvent
comporter aucune modalité.

1. *Propriété.* — La propriété se transfère de différentes manières, par les conventions, la donation ou
le legs (art. 711).

Le terme ajouté à une convention n'a pas pour
effet de retarder la translation de propriété, ainsi que
nous l'avons fait remarquer dans le second chapitre,
section I, *in fine* (art. 1138). Dans la vente, par
exemple, le terme retarde la délivrance de la chose
vendue. S'il n'est apposé qu'à l'obligation prise par

l'acheteur de payer le prix, le vendeur est tenu de délivrer la chose avant le payement de ce prix (article 1612). A la demande en délivrance, il peut opposer certaines fins de non-recevoir ; telles sont la faillite et la déconfiture de l'acheteur, parce que le vendeur court le danger de perdre la chose et le prix (article 1613). Un bruit, un soupçon ne suffit pas pour créer une fin de non-recevoir à son profit ; toutefois, suivant les circonstances, le vendeur pourra être autorisé à refuser à l'acheteur la livraison de la chose, bien qu'il ne soit ni en faillite, ni en déconfiture, et l'on a jugé que la fausse qualité de commerçant usurpée par lui serait un motif suffisant pour faire repousser sa demande (1).

La donation comme la vente est un mode translatif de propriété, et non plus un genre comme en droit romain (art. 930). Peut-elle être affectée d'un terme ? La négative semble résulter de la définition de l'article 894, d'après lequel il faut que le donateur se dépouille actuellement de la propriété des objets donnés. Mais cet article n'est pas applicable, si l'on considère le terme comme devant seulement retarder la délivrance de ces objets. Il y a deux choses dans la donation : 1° la disposition qui lie irrévocablement, *statim ligat, nec suspenditur;* 2° l'exécution qui peut être différée sans que la nature de la disposition soit modifiée. Le terme n'étant relatif qu'à l'exécution n'empêche pas la donation d'être parfaite et le donateur d'être irrévocablement lié. Les mots *se*

(1) Cass., 20 novemb. 1861 ; Sirey, 62, 1, 604 ; Lyon, 18 mai 1864 ; Sirey, 64, 2, 242.

dépouille actuellement, veulent dire que, dès le temps
du don, le donateur n'est plus le maître de se repen-
tir; or, il n'a plus ce droit lors même que l'obligation
qu'il contracte est à terme. La rétention qu'il fait de
la chose jusqu'à l'échéance n'est donc pas une violation de la maxime : *Donner et retenir ne vaut.* Le
véritable sens de l'art. 894 est que le donateur ne
peut se réserver la puissance de disposer à son gré
de la chose donnée, et comme l'addition du terme
n'implique pas cette réserve, on comprend qu'on valide la donation affectée de cette modalité. De ce que
nous venons de dire, il résulte que si le terme a pour
but de retarder la translation de propriété, si le donateur, en le stipulant, a entendu conserver le droit de
disposer de sa chose, la donation pourra être annulée.

Lorsque, dans la vente, le terme porte sur la mutation de la propriété, l'acheteur n'acquiert qu'un droit
de créance que le vendeur resté propriétaire peut
compromettre par des actes de disposition. Si, avant
l'échéance, la chose est vendue une seconde fois,
le premier acheteur ne pourra invoquer la priorité
de son titre pour la revendiquer. D'un autre côté, il
ne sera pas tenu de payer le prix si à l'échéance la
propriété ne lui est pas transférée. Nous nous sommes
demandé s'il devait transcrire son titre, et ne voyant
pas quel serait le but de cette transcription, lorsque
par l'addition du terme le vendeur s'est réservé la
propriété de la chose et les droits qui en découlent,
nous avons admis, non sans quelque hésitation, que
la transcription était inutile. Cette question, d'ailleurs,
offre peu d'intérêt, parce qu'à moins de convention

expresse et formelle le terme ne sera pas considéré comme devant retarder la mutation de la propriété.

II. *Usufruit.* — L'usufruit peut être établi à jour certain (art. 580), quel que soit le mode employé pour sa constitution. Mais comme à la différence de la propriété il ne peut exister indépendamment de la jouissance, le terme apposé à l'entrée en jouissance, aura pour effet de reporter à l'échéance la mutation qui doit s'opérer, l'usufruit ne commence pas immédiatement, mais seulement à cette époque, pourvu que l'acquéreur soit encore vivant ; s'il est mort, l'usufruit n'aura jamais existé et la convention sera non avenue. Son existence est donc subordonnée à une sorte de condition tacite, la survie du futur usufruitier à l'époque fixée. Pour cette raison la concession à terme ne doit pas donner immédiatement ouverture à la perception du droit d'enregistrement, qui ne devient exigible qu'au jour de l'entrée en jouissance. L'usufruitier n'en a pas moins un *jus in re*, un droit dans la chose qui ne peut lui être enlevé. Lorsqu'il porte sur un immeuble, il devra faire transcrire son titre constitutif pour pouvoir l'opposer aux tiers qui ont acquis des droits sur le même immeuble et ont rempli les formalités exigées pour leur conservation. (Loi du 23 mars 1855, art. 1 et 3.) Comme l'usufruit a pour terme naturel la mort de l'ayant droit, on ne pourra le constituer, en stipulant qu'il ne commencera qu'au décès de celui au profit de qui il est établi. Une pareille constitution serait nulle, parce qu'elle ferait commencer l'usufruit à une époque où il doit nécessairement finir.

SECTION II.

Terme extinctif.

I. *Propriété.* — La propriété peut-elle être transférée à terme, pour ne durer que pendant un certain temps ? Cette question, d'un intérêt purement théorique, nous paraît assez difficile à résoudre ; car si, d'une part, les conventions sont libres et ne sont viciées par aucune modalité, d'autre part, la propriété est un droit perpétuel, qui semble ne pouvoir être limité dans sa durée. Aussi la plupart des auteurs (1) décident que la concession à terme ne transfère pas la propriété à l'acquéreur. Ils se fondent sur ce que le droit d'abuser de la chose, d'en disposer d'une manière absolue, ne pouvant lui appartenir, il manque un des attributs essentiels à la propriété. Pour mon compte, je serais assez porté à croire que l'acquéreur devenait propriétaire, mais que les droits qu'il concédait étaient comme le sien limités dans leur durée.

II. *Usufruit.* — L'usufruit, étant un droit essentiellement temporaire, peut être limité dans sa durée par l'addition d'un terme (art. 580). Il s'éteint à l'arrivée de ce terme, qui peut être certain ou incertain, comme la mort d'un tiers (art. 617, al. 3 ; Cf. art. 1771). Quand il est établi pour durer un certain nombre d'années il y a quelquefois des difficultés sur

(1) M. Demolombe, t. IX, n° 546, p. 461, et Championnière, *Enregistrement*, n° 3126 et 3464.

la fixation du point de départ de ce délai. C'est une question de fait, qui ne peut être résolue que par l'examen du titre constitutif ou des circonstances qui révèlent l'intention des parties. En thèse générale, on peut dire que le point de départ doit être fixé à l'époque de l'ouverture du droit.

L'usufruit s'éteint, avant l'échéance du terme, par la mort de l'usufruitier, lors même que les parties auraient stipulé qu'il survivrait à l'usufruitier. Des auteurs sont d'un avis opposé : d'après eux, la règle qui limite la durée de l'usufruit à la vie de l'usufruitier, n'est fondée que sur l'intention présumée des parties et doit céder devant une volonté contraire. Mais ils ne sont pas d'accord sur la durée possible de l'usufruit : les uns (1) pensent qu'elle peut être de quatre-vingt-dix-neuf ans et invoquent à l'appui de leur opinion l'art. 1er de la loi du 18 décembre 1790, qui permet d'établir des emphytéoses pour le même temps ; les autres (2) soutiennent que l'usufruit ne peut être constitué transmissible aux héritiers pour une durée supérieure à trente ans (argum., art. 619). Cette opinion nous paraît devoir être repoussée pour les raisons suivantes : la nature de l'usufruit est déterminée par la loi ; il consiste dans le droit de jouir de la chose d'autrui. Or ce droit, comme tout ce qui tient aux actes et faits de l'homme, à l'exercice des facultés humaines, est essentiellement personnel et doit s'éteindre par la mort. On ne peut donc le déclarer transmissible par la voie de l'hérédité, parce

(1) M. Ducaurroy, Bonnier, *Cours de droit civil*, t. II, n° 223.
(2) Demante, II, n° 461 *bis* et 469.

qu'on lui imprimerait un caractère inconciliable avec sa nature. Ajoutons que, si l'usufruit présente de grands avantages, il offre aussi do grands inconvénients : il met obstacle à la mutation, à l'amélioration des biens; il donne lieu souvent à des discussions et des procès pour le règlement des droits de l'usufruitier et du nu propriétaire : à ce double point de vue, ne peut-on pas dire que la volonté privée doit être impuissante à modifier la loi qui a marqué le terme de l'usufruit à la mort de l'ayant droit? Telles paraissent être les idées des rédacteurs du Code civil. Nous lisons, en effet, dans un rapport au tribunat (1) : « L'usufruit, comme nous l'avons remarqué, étant *un droit personnel*, doit s'éteindre par la mort naturelle de l'usufruitier. » Et ailleurs (2) : « On a cédé à des vues aussi sages que politiques, en préférant, entre les dispositions du droit romain, celle qui tend à laisser le moins longtemps possible *la jouissance séparée de la propriété*. » Quant à l'argument d'analogie, que les partisans de l'opinion que nous combattons tirent de la loi de 1790, il est d'autant moins concluant qu'il y a des doutes sur l'existence de l'emphytéose dans notre législation. D'ailleurs, si on l'admet, on peut encore réfuter cet argument, en disant que l'emphytéose diffère de l'usufruit, qu'elle a pour but des travaux d'amélioration, qui peuvent justifier, à certains égards, sa plus longue durée (3).

(1) *Locre*, VIII, p. 278, n° 19.

(2) Discours du tribun Gary au Corps législatif, *eod.*, p. 298, n° 26.

(3) En ce sens, Proudhon, *de l'Usufruit*, n° 309; Marcadé, sur l'art. 617, n° 4.

Quand l'usufruit est établi jusqu'à ce qu'un tiers ait atteint un âge fixé, il dure jusqu'à cette époque, lors même que le tiers serait mort avant (art. 620). On considère cette modalité non pas comme une condition à laquelle serait subordonnée l'existence de l'usufruit, mais comme une simple indication du temps, pendant lequel il doit durer. Il n'en est plus de même lorsqu'il est clairement établi par le titre constitutif ou par les circonstances, que la vie du tiers a été prise comme terme incertain de la durée de l'usufruit. Dans ce cas, l'art. 620, qui renferme une disposition déclarative de la volonté du constituant, cesse de recevoir son application, et l'usufruit s'éteint par le décès du tiers.

Dans tous les cas, la mort de l'usufruitier survenue avant l'échéance du terme, mettra fin à l'usufruit. Des auteurs (1) soutiennent que quelquefois leur droit durera jusqu'à l'époque fixée ; ainsi, quand l'usufruit a été constitué à titre onéreux, ils pensent qu'il doit survivre à l'usufruitier, parce que les parties ont voulu lui assurer toute la durée promise et en ont fixé le prix en conséquence. Nous référant à ce que nous avons dit sur la *non-transmissibilité ds l'usufruit* par succession et sur son caractère essentiellement personnel, nous pensons que cette opinion n'est pas admissible (2). L'art. 620 ne s'applique pas à la jouissance légale des père et mère, qui s'éteint par leur mort, bien qu'en règle générale elle ne cesse que quand les enfants ont dix-huit ans accomplis

(1) Demante, *loc. cit.*, n° 264 *bis*.
(2) Aubry et Rau, § 234, texte et note 9.

(art. 384). Cela s'explique parce que la jouissance légale est une conséquence de la puissance paternelle qui finit elle-même au décès de l'enfant.

La loi intervient pour fixer un terme extinctif à un usufruit qui, sans cela, aurait pu durer trop long-temps. Nous voulons parler du cas où il est constitué au profit d'une personne morale. A Rome, il y avait, comme nous l'avons vu, dissidence entre les juris-consultes qui fixaient la durée de cet usufruit, les uns à cent ans, les autres à trente. Notre ancien droit avait adopté la durée la plus longue ; le Code con-sacre la plus courte (art. 619). Des auteurs (1) pen-sent que ce délai de trente ans n'est pas fatal, et que le constituant peut étendre l'usufruit au delà de ce terme. Nous ne pouvons que renvoyer à ce que nous avons dit sur la nature de ce droit; l'opinion que nous avons admise alors s'oppose à ce que nous nous ralliions à celle de ces auteurs. Nous rappellerons seu-lement que la volonté des parties est impuissante à prolonger la durée de l'usufruit au delà du terme fixé par la loi, que le texte de l'art. 619 est formel en ce sens, et que les motifs qui ont fait adopter le délai de trente ans prouvent que, dans la pensée du législateur, l'usufruit constitué au profit d'une per-sonne morale ne peut avoir une durée plus longue (Locre, deuxième passage cité, 298, note 26, t. VIII).

(1) Ducaurroy, Roustain, II, n° 233.

POSITIONS

VII. Dans le *mutuum*, les intérêts ne courent ni à partir de la *mora*, ni à partir de la *litis contestatio*.

VIII. Le possesseur de bonne foi n'a pas été tenu, à toutes les époques de la jurisprudence classique, de restituer les fruits perçus et non consommés.

IX. La garantie n'est due pour les servitudes prédiales qui grèvent le fonds vendu, que si le vendeur l'a présentée comme libre, à moins d'un dol de sa part.

DROIT FRANÇAIS.

I. Lorsque le débiteur d'une rente perpétuelle est de deux années en retard pour le payement des arrérages, le juge ne peut lui accorder un délai pour se soustraire à l'obligation de rembourser (p. 105).

II. Quand un immeuble hypothéqué à une dette à terme passe aux mains d'un tiers, la prescription de l'hypothèque peut commencer à courir à son profit avant l'échéance du terme (p. 126).

III. Il en est de même, lorsque le tiers détenteur est celui qui a lui-même constitué l'hypothèque pour la dette d'autrui (p. 129).

IV. Quand un débiteur paie par erreur avant l'échéance, il ne peut rien réclamer au créancier (p. 144).

V. Lorsque dans une obligation de donner, qui a pour objet un corps certain, les parties conviennent que la propriété sera transférée à l'échéance, les risques sont à la charge du débiteur (p. 137).

VI. L'insolvabilité du débiteur, survenue après la prorogation de terme expresse ou tacite, ne crée pas au profit des cautions une exception pour repousser l'action du créancier (p. 152).

VII. La déchéance du terme encourue par le débiteur principal ne peut, quelle qu'en soit la cause, rejaillir immédiatement sur la caution (p. 185).

VIII. Il en est autrement à l'égard du tiers aux mains duquel est passé l'immeuble hypothéqué à la dette (p. 191).

IX. La fin de non-recevoir, établie par l'art. 196, C. civ., est générale et absolue.

X. L'emphytéose n'a pas été maintenue dans notre législation au nombre des droits réels.

XI. Deux personnes subrogées successivement, dans des portions d'une même créance, concourent entre elles sans aucune distinction tirée de la date des subrogations.

XII. La séparation des patrimoines ne fait pas obstacle à la division des dettes.

XIII. Quand un héritier, après avoir accepté une succession sous bénéfice d'inventaire, renonce au bout d'un an à ce bénéfice pour accepter purement et simplement, les créanciers qui n'ont pas pris inscription dans les six mois, conformément à l'art. 2111, ne peuvent invoquer leur droit de préférence.

XIV. En cas de faillite d'un mari ou d'un tuteur, l'inscription de l'hypothèque légale pourra être annulée, si elle a été prise plus de quinze jours après l'année qui suit la dissolution du mariage ou la cessation de la tutelle, mais depuis la cessation de payements ou dans les dix jours qui précèdent.

DROIT COMMERCIAL.

I. Les créanciers hypothécaires à terme ne peuvent, en invoquant l'exigibilité produite par le jugement déclaratif de faillite, exercer des poursuites individuelles contre le failli (p. 178).

II. Par application de ce principe, le propriétaire à qui rien n'est dû pour le passé, ne peut, au cas de faillite du locataire, poursuivre la vente des meubles qui garnissent les lieux loués pour obtenir le payement des loyers à échoir (p. 198).

III. Bien qu'en l'absence de transcription ou inscription antérieure au jugement déclaratif de faillite le privilége du vendeur soit inefficace, l'action résolutoire est néanmoins conservée.

IV. La faillite du tiré à l'échéance n'enlève pas au tireur, qui a fait provision, le droit d'opposer la déchéance au porteur négligent.

DROIT ADMINISTRATIF.

I. La fixation des indemnités dues à raison de dommages permanents rentre dans la compétence des conseils de préfecture.

II. Lorsqu'un acte de nature à être transcrit contient une condition suspensive, le droit proportionnel de transcription ne peut être perçu avant la réalisation de la condition.

PROCÉDURE CIVILE.

I. Le juge peut accorder un terme de grâce au débiteur poursuivi par un créancier muni d'un titre exécutoire (p. 107).

II. Les actions possessoires s'appliquent aux universalités de meubles.

III. Le créancier à terme ne peut faire une saisie-arrêt (p. 117).

DROIT CRIMINEL.

I. Lorsqu'une femme mariée est poursuivie comme complice d'un adultère commis par un homme marié, son mari ne peut s'opposer à la poursuite.

II. L'immunité de l'art. 380 du code pénal ne doit pas profiter au complice.

DROIT DES GENS.

I. L'agent diplomatique qui fait un acte de commerce n'est pas justifiable du Tribunal de commerce de la puissance auprès de laquelle il exerce ses fonctions.

II. Les navires de commerce escortés par un bâtiment de guerre ne sont pas soumis à la visite du croiseur belligérant; mais cela ne le dispense pas de faire, d'une autre manière, la justification que la visite a pour but d'amener.

HISTOIRE. — ANCIEN DROIT.

I. L'amovibilité arbitraire, la concession temporaire, la possession viagère et la propriété héréditaire, ne furent pas, comme certains publicistes le soutiennent, les quatre états par lesquels la propriété bénéficiaire a passé du v⁰ au x⁰ siècle.

II. Quand la vente d'un fief n'a pas encore été consommée et exécutée au moins par une tradition feinte, le retrait féodal peut être exercé, bien que la propriété ne soit pas encore transférée à l'acheteur.

Vu par le président de la thèse,
L.-E. LABBÉ.

Vu par le doyen,
G. COLMET DAAGE.

Vu et permis d'imprimer :
Le vice-recteur de l'Académie de Paris,
A. MOURIER.

PARIS. — IMP. VICTOR GOUPY, RUE GARANCIÈRE, 5.

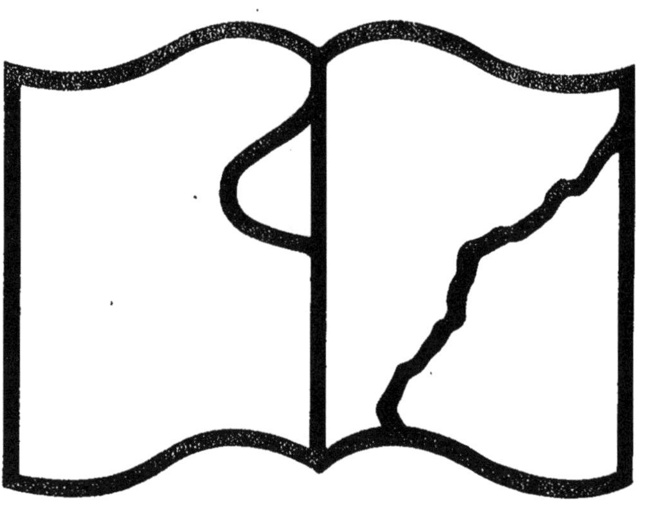

Texte détérioré — reliure défectueuse
NF Z 43·120·11

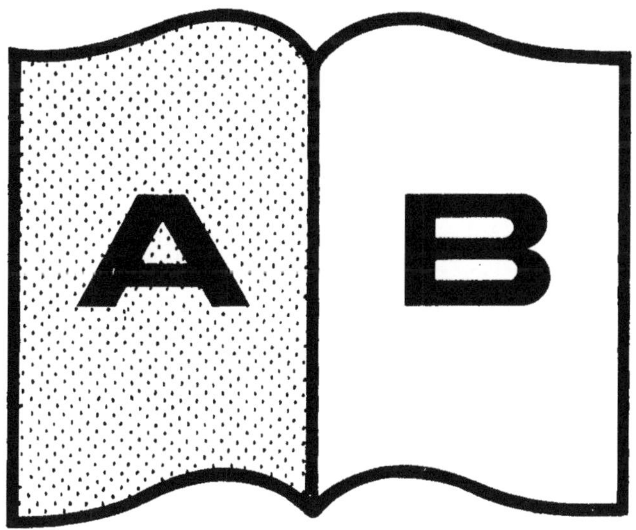

Contraste insuffisant

NF Z 43-120-14

9 782016 202357